面白くてヤバすぎる！朝鮮学校

日本だけど、ここは北朝鮮!?

パクユソン

ビジネス社

はじめに　僕が朝鮮学校の話をしようと思った理由

僕は小中高12年間を朝鮮学校に通い、高校卒業後は朝鮮大学校ではなく関西学院大学法学部法律学科に進学した。そして、大学を卒業してからは芸人になるための吉本興業のお笑い養成所（吉本総合芸能学院＝ＮＳＣ）に入学した。

芸人になりたくてＮＳＣに入学するのは、関西に住む人なら当然の成り行きだ。

ただ、お笑いを始めるにあたって、僕は朝鮮学校の話をお客さんの前ではしないようにしていた。なにせ前例がないし、朝鮮学校出身だと公言すれば嫌われるかもしれないと思ったからだ。

本名の「パクユソン」は名乗っていたが、日本出身の韓国人芸人と自己紹介して韓国語の漫談をしていたのだ。

本当は朝鮮学校時代の話をしたかったが、ずっと仮面をかぶりながら活動していた。

そんな自分に嫌気が差してきた芸歴2年目。ピン芸人日本一を決めるR―1グランプリ（吉本興業が主催するピン芸人グランプリ）に出場した。

満を持して挑んだグランプリの結果は、2回戦敗退。

お笑いを始めてから何ひとつ結果を出せないでいた。

まさに人生のどん底。

そんなとき、僕のことを「面白い」と褒めてくださる先輩芸人の方が飲みに連れて行ってくれた。当時、いただいた言葉を少ししてから、ふと思い出した。

「パクは今、韓国語の漫談やってて楽しくなさそう。朝鮮学校の話を俺にしてるときが一番生き生きしてるしパクの良さが出てる。ほんまにやりたいのって、そっちちゃうん？」

すべて見抜かれていた。

本当は朝鮮学校の話をずっとしたかったし、たまに朝鮮学校の話をしてウケているときが一番うれしかった。

でも周りの視線を気にして自分の気持ちにウソをつき続けていたのだ。

――どうなるかわからないけど、人生をかけて朝鮮学校の話をしよう。

そう決心したのだ。そして、この話こそ誰ともかぶらない唯一無二の芸人になれると思い、朝鮮学校の話をすることにしたのだが、これが想像以上の反響になった。

現在ではユーチューブ登録者数は14万人、インスタグラムは1・2万人、Tik Tok（ティックトック）は5・7万人の方に登録していただいている。しかも内容が内容ゆえに、多くのコメントがくる。ファンの方、アンチの方を含めてだ。とくにティックトックは「130万いいね！」をいただいている。


さて、朝鮮学校の実態は、日本社会ではベールに包まれている。

高校無償化から除外され、補助金も年々打ち切りになっている朝鮮学校は、日本の一般の方々に向けて公開授業を行っているが、公開授業の数時間だけで朝鮮学校の本当の実態を知ることは不可能だと考えている。

そもそも日時もすべて決まったうえでの公開授業だ。ゆえに、授業内容やプログラムを綿密に練り上げることが容易なのだ。

学生時代、友だちの家に泊めてもらった翌朝に、友だちのお母さんが作ってくれた朝ご飯が目を疑うほど豪華だった。しかし、毎日こんな豪華な朝ご飯を食べているとは到底考えられなかった。

公開授業もこれと同じだ。

だから、僕が朝鮮学校に通っていた頃の思い出を話すことで日本の方々にリアルな朝鮮学校を知っていただけると思い、この本でも朝鮮学校の話をすることにした。

本書に記されている内容は、小中高12年間朝鮮学校に通った、あくまでも僕の実体験をつづったものだ。実体験なのだから脚色はいっさいない。

ということで、友だちが家に遊びに来ていない日の朝ご飯をとくとご覧あれ。

2024年10月

パクユソン

面白くてヤバすぎる！　朝鮮学校

目次

第2章 小中高の12年間、日本にいながら別世界にいた僕

知られざる朝鮮学校の日常生活

第3章 一度は……行かなくていい北朝鮮

僕の北朝鮮修学旅行体験記

第4章　朝鮮学校で駆け抜けた〝青春〟

高校無償化問題の奥底に隠された真実

第5章　暴露ではない。小中高12年間で感じた〝疑問〟の数々

日本人が疑問に思う朝鮮学校のアレコレ

第1章

今も日本を惑わす〝赤いきつね〟たち

朝鮮総連と朝鮮学校の公然の主従関係

朝鮮総連から朝鮮学校の高校の校長に命令が下った真相

ユーチューブで朝鮮学校の話を始めてから半年近く経ったある日のこと。朝鮮学校時代の親友から結婚式の招待の連絡がきた。

彼とは小学生の頃からの仲で一番の親友だ。祝いたい気持ちは山々だったが、僕は欠席することにした。理由は結婚式に出席するほぼ全員が朝鮮学校出身者で、僕の活動を良く思っていない人ばかりだからだ。

朝鮮学校出身者のコミュニティーはとにかく狭い。**もう竹島か独島(ドクト)かくらい狭いのだ。**だから、「〇〇がユソンの悪口言ってたで」という噂(うわさ)をよく耳にしていた。

僕が親友の結婚式に出席すると、そういった悪口を言っている人が直接、何かを言ってきて式の空気が悪くなるかもしれない。

もちろん、僕はそれに対して何も言うつもりはないが、僕が出席することで親友の一生に一度の結婚式を台なしにしたくなかった。とはいえ、まさか親友の結婚式にこんな形で欠席することになるとは、学生時代には思ってもいなかった。

親友の結婚式に出席する朝鮮学校出身者の中にも数人だけ、今でも仲良くしている友人がいる。その友人の１人が結婚式に出席するということで、数日前に僕はこう伝えた。

「結婚式、どんな感じやったか、また教えて」

「任しとけ」

かくして、パクユソンに仕えるスパイの潜入調査が親友の結婚式と並行して行われた。

その数日後、僕はその友人と会いお酒を飲んでいた。

「どうやった？」

「朝鮮学校出身者、みんなお前のユーチューブ観てて、めっちゃ陰口言ってたで」

結婚式でパクユソンの悪口を言うことでしか人生の喜びや楽しみを見いだせない人

生、ご愁傷様。めでたい場で僕の悪口を言っていた朝鮮学校時代の同級生1人ひとりに**自腹でブーケを渡したいと思うくらい哀れ**だと思った。

続けて友人はこう言った。

「2次会で朝鮮学校の先生してた○○が言ってたんやけど、朝鮮総連がユソンが通ってた朝鮮学校の高校の校長に**『パクユソンのユーチューブをどうにかしろ』**って言ってるらしいで」


僕はメロスばりに激怒した。

朝鮮学校での実体験をユーチューブで話して何が悪いのか。

テレビやラジオと違い、ユーチューブは視聴者が選択できるコンテンツだ。

観たくなければ観なければいいだけの話だ。

仮に「朝鮮学校チャンネル」などと称して朝鮮学校について断定する口調で発信していたとすれば問題があるだろう。でも、朝鮮学校出身の一個人が朝鮮学校での思い出を語る分には何も問題はないはずだ。

意見を述べる動画もあるが一個人の意見にすぎないし、僕が今いるのは北朝鮮ではなく日本だ。

言論の自由がある。

彼らはなんとかして僕のユーチューブをもみ消したかったのだろう。

都合が悪いことをすぐにもみ消したがるのは朝鮮総連や朝鮮学校の常套(じょうとう)手段だ。

僕はこの情報を提供してくれた友人に感謝を伝え、店を後にした。

次の日、僕はすぐに動画を撮った。

タイトルは**「朝鮮総連に僕のＹｏ**

朝鮮総連に僕の YouTube がバレたみたいです。

パクユソンちゃんねる · 235万 回視聴 · 1 年前

YouTubeの存在をもみ消そうとした真相を明かしてバズった動画のサムネイル

uTubeがバレたみたいです。」

自分の考えをボケずに述べた。

サムネは満面の笑みでダブルピースをしている写真を選んだ。

この動画がバズり、初の100万回再生を達成した（現在では240万回以上再生）。

僕が通っていた朝鮮学校の高校の校長に「パクユソンのユーチューブをどうにかしろ」と言ったらしい朝鮮総連。

お得意のもみ消しを試みるも噂が広まり、僕の耳にまで届いて、かえって明るみに出る結果となった。

そして、この動画がバズったおかげでユーチューブ収益がたくさん入った。

僕は心の中でもダブルピースをした。

「朝鮮総連の学校への支配は存在しない」という発言について僕が思うこと

高校無償化制度の設計に関わったある人が講演で、「朝鮮総連による朝鮮学校への不当な支配は存在しない」と言ったそうだ。

拉致問題などと結びつける議論は筋違いで、自主性を侵害される介入を受けたと思えば不当な支配だが、朝鮮学校はこれに当たらないとも言っている。

小中高12年間朝鮮学校に通った僕の意見だが、朝鮮学校は朝鮮総連の完全な支配下にあり、密接な関係にある。

一体化しているという解釈だ。

朝鮮学校で使われている教科書は、文部科学省指定の教科書ではなく、朝鮮総連の傘下にある「ハグソバン」という出版社で独自に作られたものだ。

全国各地には朝鮮総連の支部があり、朝鮮学校に通っていた頃、何度も強制的に行かなければならないシチュエーションがあった。朝鮮総連の専従職員の話を聞く会、強制入部させられる運動部の合宿、朝鮮学校に通っていない子どもたちと遊ぶ会など、いずれも強制参加だ。

朝鮮総連の支部には金日成（キムイルソン）と金正日（キムジョンイル）の肖像画が掲げられており、**「主体朝鮮の太陽、金正恩将軍万歳！」**と書かれたスローガンが飾ってあった。

朝鮮学校に通うと、家から一番近い朝鮮総連の支部に所属させられる。

朝鮮学校を辞めても名前や住所といった個人情報はすべて朝鮮総連の支部で管理され、定期的にアポなしで朝鮮総連の専従職員が家にやって来る。とくに支部の集まりの誘いが多かった。

何度もアポなしで朝鮮総連の専従職員の面々が家に来ていたのでさすがに耐えきれず、僕が大学生の頃、ツイッター（現在は「X」）で実態を書き込むと、それ以降は家には来なくなった。

朝鮮学校の運営は朝鮮総連指導のもと、「教育会」で行われている。

僕が通っていた朝鮮学校にも教育会があった。

朝鮮学校への自治体からの補助金が朝鮮総連に流用されていた疑いがあった際、教育会の元幹部の人が、

「流用に関わった」と証言したという記事を、以前読んだことがある。

朝鮮学校は朝鮮総連の完全な支配下にあると、以前から僕が提唱し続けている証拠だ。しかし、高校無償化制度の設計に関わったその人は不当な支配を否定している。

先日、朝鮮総連が北朝鮮の統一政策廃棄指針に従い、朝鮮学校に「自主統一」や「南朝鮮」などの表現を禁止するよう指示したというネットニュースを見た。

今回のこのニュースを知っても、まだ否定できるだろうか？

朝鮮学校にそもそも自主性はございません

もう一度言うが、朝鮮学校は朝鮮総連の完全な支配下にあるのはまぎれもない事実

だ。にもかかわらず、高校無償化制度の設計に関わった人は「不当な支配は存在しない」とくり返す。

朝鮮総連が僕のユーチューブをもみ消すために母校に命令したという噂を耳にしたという話をしたが、不当な支配が存在しないのであれば**〝朝鮮学校が〟僕のユーチューブを直接もみ消そうとする**はずだ。

この噂は同じ朝鮮学校出身の友人から聞いたのだが、その友人は朝鮮学校出身者だらけの結婚式の2次会で聞いたそうだ。それも朝鮮学校で先生をしていた同級生が言っていたようで、その話は周囲の人も知っていた。

かなり信憑(しんぴょう)性の高い話だ。

僕が通っていた朝鮮学校の中学の先生が授業中、当時大阪府知事だった橋下徹氏の悪口を言っていたことがある。

「朝鮮学校に補助金を出す条件で、朝鮮総連との関係を絶つことって言ってたけど、そんなんできひんやんな。朝鮮総連がなかったら朝鮮学校運営できひんもん」

朝鮮学校の先生も言っている通り、朝鮮総連とは明確な主従関係ができている。

そんな朝鮮学校で「主体思想（チュチェ）」という北朝鮮の政治思想を教わっていた。

「自主、自立、自衛」を掲げる思想だ。

主体思想を掲げる北朝鮮を支持している学校にもかかわらず、〝自主性のカケラ〟もなかった。

「民族教育の自由」と朝鮮学校の民族教育は非なるもの

僕は、民族教育を受ける権利は基本的人権だと考えている。

日本で朝鮮語を学んだり、朝鮮の歴史や文化を学びルーツを知ることは素晴らしいことだと思う。

ただ、朝鮮学校で行われている教育を、僕は民族教育だとは思わない。

民族教育なのであれば、自分たちの国の言語や文化、歴史を学びルーツを知り、アイデンティティを育むことで十分だ。

にもかかわらず、朝鮮学校の各教室の黒板の上には金日成と金正日の肖像画が掲げられていた。

教科書には**「敬愛する金日成主席、金正日将軍様」**といった個人崇拝につながりかねないような記述が随所にあった。

先生たちは〝朝鮮半島について学ぶ〟と言っていたが、かなりというよりほぼ北朝鮮寄りの教育だった。

民族教育なのであれば、北朝鮮についても韓国についても均等に学ぶべきなのだ。

そんな朝鮮学校では北朝鮮に行く機会が多かった。

僕は高校の修学旅行で一度だけ北朝鮮に行った（この話は第3章で書いている）が、多い子は何度も北朝鮮に行っていた。

僕が小学生と中学生の頃には、北朝鮮の新年を祝う迎春公演（ソルマジ公演）、高校生の頃は代表団、朝鮮舞踊の強化合宿、サッカー北朝鮮代表の選考会など、1年を通して北朝鮮行事が行われていた。

目を離すと、すぐ同級生が北朝鮮に行っていた。

インフルエンザ、おたふく風邪……、そして北朝鮮に行くことは公欠扱いだった。

当然だが、北朝鮮に行くとひたすら北の思想を叩き込まれる。

これが果たして民族教育なのだろうか？

これじゃ〝北朝鮮民族教育〟だ。

そもそも人権が保障されていない北朝鮮を支持している時点で、〝朝鮮学校の子どもたちの基本的人権〟が保障されるとは到底考えられないのだ。

金日成の肖像画＝民族教育、金正日の肖像画は民族教育ではない理由

さて、黒板の上には金日成と金正日の肖像画が掲げられているのだが、授業中、板書するたびに金一族と目が合っていた。

日本人の友だちが、

「音楽室に掲げられていたバッハやベートーヴェンの肖像画が不気味で怖かった」

と言っていたが、僕は金一族の肖像画で免疫がつきすぎて一度も怖いと思ったことがない。

金一族の肖像画は〝**笑顔タイプ**〟と〝**凝視タイプ**〟があったのだが、僕の教室に掲げられていたのは奇しくも凝視タイプだった。

なので、並大抵の肖像画では恐怖を感じない耐性がついている。

では、なぜ朝鮮学校の教室には金日成と金正日の肖像画が掲げられていたのか？

それは1910年の日韓併合にまでさかのぼる。

日韓併合後、多くの朝鮮半島出身者が日本に渡ってきた。

僕の祖父も職を求めて日本に渡ってきたそうだ。

戦後、多くの朝鮮半島出身者が帰国したのだが、帰国費用がないことや帰国しても生活できないなど、さまざまな理由で多くの人が日本に留まった。

彼らが在日コリアン1世だ。

在日コリアン1世の人々が子どもたちに、日本でも朝鮮の言葉や文化、ルーツを学べる場所を作らないといけないと考え、朝鮮半島に助けを求めた。

当時の韓国は手を差し伸べてくれなかったのだが、北朝鮮が援助をしてくれた。

こうして朝鮮学校の前身となる「国語講習所」ができたのだ。

そこで、金日成への感謝の気持ちを忘れないようにという意味で肖像画が掲げられたということだ。

この理由は個人的に理解できる。

ただ、それ以降の北朝鮮による拉致問題やミサイル発射問題などがあっても、肖像

画を頑(かたく)なに外さなかったことには違和感しかない。

いくら苦しい時期に手を差し伸べてもらったとしても、時代の流れに沿って学校の在り方は変化していかなければならないと考えるからだ。

あらゆる問題があっても北朝鮮や金一族への個人崇拝につながりかねないような教育が当然のように行われていた。なので、感謝の気持ち以外の何かしらの理由や目的があるのではないかと考えても不思議ではないのだ。

つまり、感謝の気持ちで肖像画を掲げるのであれば、〝金日成の肖像画だけでいい〟はずだから。

前述した通り、朝鮮学校の教室の黒板の上には、金日成と金正日の〝**一族の肖像**

画〟が掲げられている。

〝赤い人〟に育てるための「学習班」という存在

朝鮮学校では、僕が高校2年生になると「学習班」というものが始まった。

週に1回平日の部活終わりになぜか体育館で空手をし、月に1回学校に泊まり朝鮮学校や朝鮮総連、北朝鮮や在日同胞社会について夜遅くまで先生たちと語り尽くすといった活動内容だ。

こうして〝赤い人〟が増えていく。

朝鮮学校や朝鮮総連、北朝鮮や在日同胞社会をこよなく愛する生徒のことを〝赤い人〟という。

同級生は73人いたのだが、3分の1くらいがこの学習班に入っていた。

親が朝鮮学校で先生をしている子や朝鮮総連の専従職員の子は、言わずもがな学習班に入っていた。

そういった家系の子で学習班に入っていない子を見たことがない。

僕はもちろん入っていないし勧誘もされなかった。

学習班に入っていた同級生から聞いたが、先生に個別に呼び出され朝鮮学校への補助金を打ち切った橋下徹氏の悪口をひたすら聞かされたらしい。

本で書けないほどの内容だ。


とにかく、先生らによって赤い考えを徹底的に叩き込まれる。

途中で耐えきれず辞めた子もいるが、ほとんどが辞めなかった。

そう簡単に辞めさせてもらえないと聞いていたからだ。

先生に個別に呼び出され、橋下徹氏の悪口をひたすら聞かされた友人は、僕と同じ部活だった。

部活を終え、学習班の活動がある日だったので体育館で空手をしなければならない。

彼は学習班を辞める意思があったので、体育館には向かわずそのまま帰ると言った。

もちろん一筋縄ではいかない。

家に帰らせないように先生らが動いた。

結局、部室で友人同士ともめ、彼は自分以外の学習班の子たちに迷惑がかかると思い、体育館へと向かった。しばらくして、彼は学習班を辞めることができたが、辞めるまでかなり時間を要したらしい。

辞めなかった子たちはこのうえなく朱に染まり、ほとんどの同級生が朝鮮大学校へと進学した。

僕は学習班に入っていなかったのでわからないが、同級生たちはいったい何を学習していたのだろうか？

考えただけで怖い。

コラム

一生モノのクリスマスプレゼント

僕は日本生まれ日本育ちの在日コリアンだ。

自分が在日コリアンだと知ったのは、日本の保育園に通っていた頃。ランドセルを背負い玄関で靴を履いていた姉に母が、

「コンブ（朝鮮語で「勉強」）頑張りや」

と声をかけていた。

日本の保育園に通っていた僕は「コンブ」の意味を知る由もない。

――コンブ？　頑張りや？

――なぜ母は唐突に〝昆布を鼓舞した〟のだろう？

――極上の出汁でも取ろうとしているのだろうか？

気になった僕は母に聞いた。

すると、母は「コンブ」の意味、僕が在日コリアンであることをわかりやすく説明してくれた。なぜそれまで知らなかったかと言うと、日本の保育園には日本名で通っていたからだ。

僕のような在日コリアンは本名（韓国名）と通名（日本名）の２つの名前がある。どちらを名乗ってもよい。

それから、僕は小学校から高校まで朝鮮学校に通うことになる。朝鮮学校に通い始めてから名前も本名（韓国名）に変わった。


小学２年生の夏休み。

公園で１人サッカーをしていると、保育園の頃の友だちが数人でサッカーをしていた。

話しかけて一緒にボールを蹴ることになった。ひとしきり遊んでトイレに行きたくなったので１人でトイレへと向かった。

戻ると友だちがひそひそ話をしていた。

何の話をしているのか気になったのでおそるおそる近づいてみると、

「あいつ在日らしいで。もう一緒に遊ばんとこ」

保育園の頃は仲良く遊んでいたというのに、僕が在日であることを知ったとたん、こうも変わるのか……。

あまりのショックで彼らに歯向かうことなく何も言わずおとなしく家に帰った。

それ以降、僕は韓国名を名乗るのが億劫（おっくう）になり、次第に日本名を名乗るようになっていった。

そして迎えた小学2年生のクリスマス。

母と近所のケーキ屋さんにクリスマスケーキを買いに行った。

僕はショーケースに陳列された美味（おい）しそうなケーキを食い入るように見ていた。

すると、ケーキ屋の店員さんが話しかけてきた。

「僕、何歳？」

「7歳です」

「お名前は？」

ひそひそ話をされた記憶がよみがえり、黙り込んでしまった。

本名を名乗ると嫌悪感を抱かれると思ったのだ。

すると、母がすかさずフォローしてくれ、僕の本名を伝えてくれた。

店員さんは、

「いい名前やん。恥ずかしがらんと言ったらいいよ」

その優しい言葉に、当時の僕はすごく救われた。

――優しい人もいるんだ。ありのままに生きていいんだ。

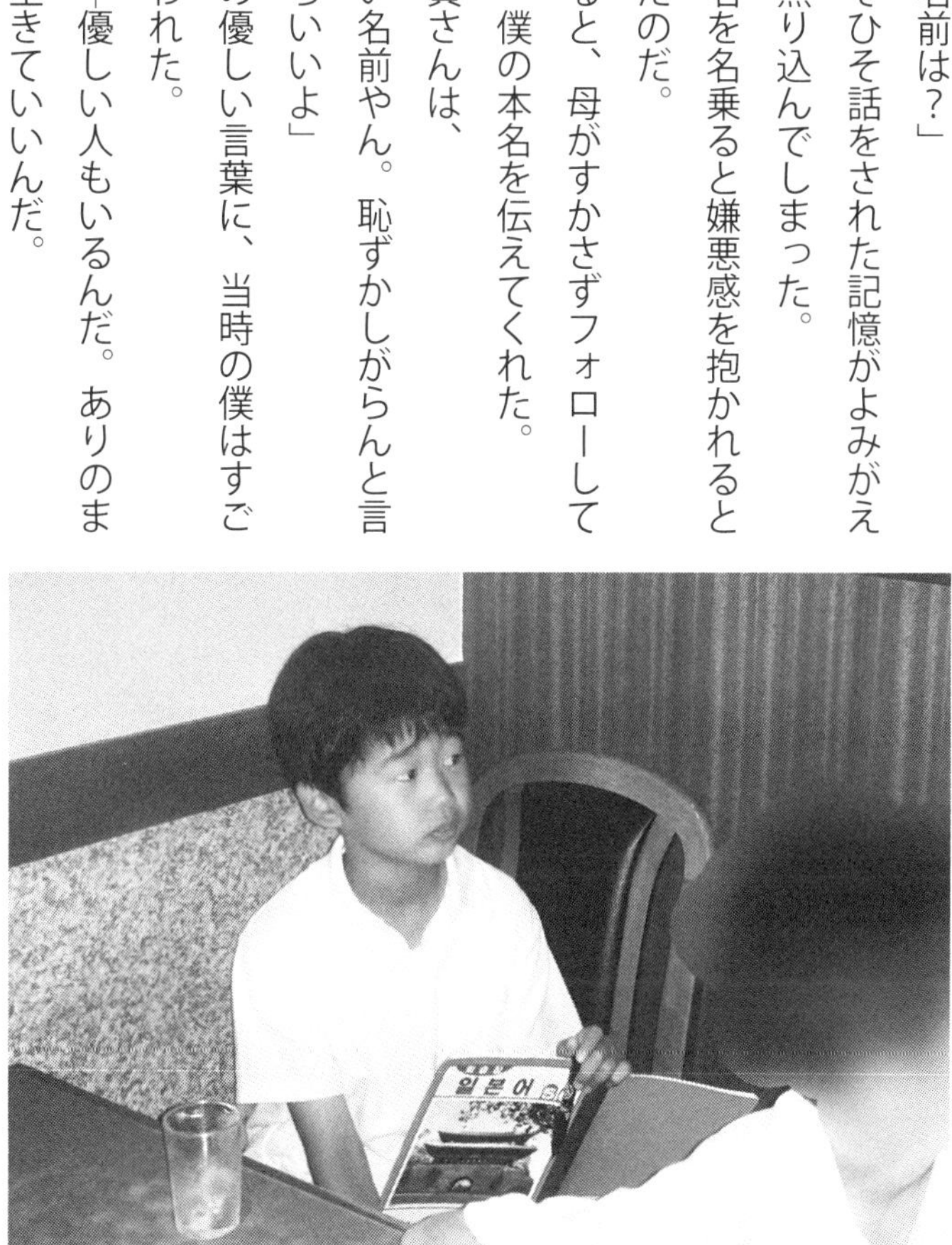

社会科見学で朝鮮学校出身の飲食店の店主の話を聞く僕

子どもながらにそう感じた。

それから通名（日本名）はいっさい名乗らなくなり、本名（韓国名）だけを名乗るようになった。

家に帰り、いつもより豪華な晩ご飯を食べた後、家族４人でホールケーキを切り分けた。

ケーキを頰張(ほおば)る僕の頰には涙が伝っていた。

初めてケーキの味が甘塩(あまじょ)っぱいと感じたことを今でも鮮明に覚えている。

あの日、ケーキ屋の店員さんからいただいた「一生モノのクリスマスプレゼント」は今でも大切に使わせていただいている。

第2章

小中高の12年間、日本にいながら別世界にいた僕

知られざる朝鮮学校の日常生活

先生と赤い生徒の決まり文句

「在日同胞社会と朝鮮学校を守っていかなければならない」

先生と赤い生徒は口を開けば、これを言う。

「在日同胞社会と朝鮮学校を守っていかなければならない！」
「在日同胞社会と朝鮮学校を守っていかなければならない!!」
「在日同胞社会と朝鮮学校を守っていかなければならない!!!」

彼らは、この言葉がプログラミングされているのではないかと疑うほどくり返していた。

「先代の方々（在日コリアン1世、2世）が守ってくださった朝鮮学校と在日同胞社会を代々守っていきます。私が絶対に守ります」

「在日同胞の方々に力と勇気を与えられる存在になります。そして、後輩たちに夢と希望を与えられる存在になります」

こう、みな口をそろえて言っていた。

しかも、このテンプレを言わないといけない風潮すらあった。

「在日同胞社会と朝鮮学校を守っていきます」

と皆が言いすぎて、心底思って言っている赤い生徒は少ないように感じた。

「在日同胞社会と朝鮮学校を守る」

はたして、守った先に何があるのだろうか？

学校では日本語禁止。何回しゃべったかを常にカウントされている

朝鮮学校では日本語の使用禁止というルールがあり、休み時間も放課後も朝鮮語の使用を強(し)いられていた。

朝鮮語習得のためらしい。

「国語」はあくまで朝鮮語で、「日本語」という授業が別にあるのだが、「日本語」の授業中以外は朝鮮語で話さないといけなかった。

校内で日本語をしゃべっているのがバレると先生に怒られた。

軽く注意して終わる先生もいたが、たとえば運動場で友人2人と日本語でしゃべりながらサッカーをしていただけで怒鳴ってきた先生もいた。

日本に存在する学校なのに日本語でしゃべってはいけないというルールはさすがに無理があったと思う。

金日成と金正日の肖像画が掲げられている教室で常に監視されていたわけだ。

もう日本にある北朝鮮だ。

しかも、注意してくるのは先生だけではない。休み時間に日本語でしゃべっていないかどうか常に監視する正義感の強い女子がいたのだ。

これではさすがにストレスが溜まるので、帳尻を合わすかのように男子トイレで日本語をしゃべっていた。

女子は周囲の目があるので朝鮮語で話していたが、男子はけっこう日本語でしゃべっていたのだ。

授業や掃除がすべて終わると「ハルチョンファ（朝鮮語で「一日総括」）」という北朝鮮でも行われているらしい反省会みたいなものがあった。

そこでは今日１日、朝鮮語をどれくらい使ったのかを申告する。

というのも、学校では**「朝鮮語１００％運動」**という運動をよく行っていて、運動期間中は特に日本語を使わないという強化がされた。

日本語を一度も使わなければ１００％、１回使うごとに１％ずつ減っていくというシステムだ。

評価は５段階で、朝鮮語１００％なら５ダンゲ（朝鮮語で「段階」）、95～99％は４ダンゲといった感じだった。

「みんな朝鮮語100%を目指しましょう！」と、よく先生が言っていた。

100%じゃないと先生や正義感の強い女子に怒られたり、そもそも教室の空気が悪くなるので、僕はいつも「100%です」と虚偽の報告をしていた。

もちろん見過ごさないのが〝正義感の強い女子〟だ。

「先生！　ユソンはウソをついてます！　2時間目の授業終わった後の休み時間に『○○』って日本語で言ってました！」

この監視報告で、先生からは怒られみんなの前で反省させられる。

それでも僕は日本語でしゃべり続けていた。

反省させられ、次の日から改心したかのように朝鮮語を使うと先生や正義感の強い女子の思うツボだと思ったからだ。

日本語を使い抵抗し続けた。

そんな僕が唯一、朝鮮語を100%使う場面があった。

それは日本の学校とサッカーの試合をするときだ。

僕はサッカー部に所属していたのだが、日本の学校やクラブチームとサッカーの試合をすることが多かった。

相手チームは朝鮮語を理解できないので、こちらの作戦はバレない。

いっぽう、僕たちは日本語も話せるので相手チームの作戦を理解できてかなり有利だった。

グラウンドには日本語と朝鮮語が飛び交っていた。

金日成競技場でサッカー日本代表と試合をする北朝鮮代表のように、このときだけは「朝鮮語100％運動」を行い、**アウェーの洗礼を浴びせていた**のだ。

朝鮮語の授業はもはや「在日朝鮮語」。〝ルー語〟が飛び交う授業

朝鮮学校は「国語」が朝鮮語だ。

ただ、朝鮮学校で朝鮮語を教えている先生も僕らと同じで、日本生まれ日本育ちの在日コリアンなのでネイティブ朝鮮語ではない。

なので、わからない朝鮮語があると、よく日本語と混ぜながら話していた。

ほぼルー大柴さんの〝ルー語〟だ。

ビビンバのみならず言語まで混ぜまくっていた。

それでも僕が通っていた朝鮮学校の先生は、「朝鮮学校を卒業して韓国留学に行く子がいるけど、あれ意味ないで」と言っていたのだ。

僕は朝鮮学校を卒業して韓国留学するのは、すごく意味があると考えている。

僕は朝鮮学校の高校を卒業して日本の大学に通ったのだが、大学の卒業旅行で日本人の友人3人と韓国に行ったことがある。

「俺、韓国語しゃべれるから任しとけ」

僕は意気揚々と観光していた。

僕らはメディヒールのパックが欲しかったので、あるコスメショップに行き、店員さんに韓国語で「すみません、メディヒールください」と伝えた。

すると、その店員さんはバックヤードへと姿を消したのだ。

——あれ？　メディヒールのパックってバックヤード行かないとなかったっけ？

しばらくして店員さんが戻ってきた。

その手にはマニキュアが握りしめられていた。

——僕の韓国語が拙かったせいで伝わっていない……。

焦る僕を尻目に、友人たちは「ユソン、マニキュアが欲しかったん？」と言ってくる。

僕の韓国語の拙さがバレてしまうと恥ずかしい。でも、店員さんの手にはマニキュア……。

引くに引けない状況に追い込まれ、

「おん、マニキュア欲しかってん」

そうウソをつき、僕は目当てではないマニキュアをお土産で日本に持って帰ったのだ。

韓国でのこの経験があまりにも悔しかったので、僕は韓国語の勉強をしようと決意したのだった。

今や韓国が好きな日本人女性も多いので、ネイティブレベルで韓国語を話すことができるようになればモテるに違いない。

その日から僕は、好きな子を振り向かせるために日本語を勉強したポケモンのロケット団のニャースのごとく脇目（わきめ）も振らず勉強した。

その努力が実り、「ＴＯＰＩＫ（韓国語能力試験）」の最上級の６級に合格した。

それでもまったくモテなかった。

韓国語の勉強を通じて手に取るようにわかったのは、ニャースの気持ちだけだった。

朝鮮学校に給食はない。もみ消された食中毒事件

朝鮮学校は給食がない。

小学１年生から全員、お母さんが作ってくれたお弁当を持参する。

なので、僕は日本の学校の〝給食あるある〟がまったくわからない。

もちろん、校内でコッペパンを食べた記憶は一度もないが、やはりお母さんが作ってくれた甘くない玉子焼きは懐かしい。

そんな朝鮮学校は土曜日も学校がある。僕はゆとり世代の人間だが、日本ではめずらしく朝鮮学校はゆとり教育ではない。

なので、土曜日も給食がない僕らのために、その日は各学年のお母さん方が給食を作ってくれた。

ちなみに、給食を作るお母さん方は強制参加だ。

専業主婦でお金持ちの家庭はいいが、僕の母は父と一緒に毎日朝早くから夜遅くま

で働いていた。それでも強制参加なので、母は全校生徒の給食を作りに学校に来ていた。

ノーギャラで給食を作り終わると急いで職場へと戻っていった。

僕は子どもながらに、「オンマ（朝鮮語でお母さん）、休んでほしい」と毎回思っていた。

メニューはカレーライス、シチュー、ハンバーグ、から揚げ、ビビンバなど、子どもが大好きなもので、一度にたくさん作れるメニューがほとんどだった。

たとえば、カレーライスの日はトッピングの福神漬けの横に当たり前のようにキムチが鎮座していた。ビビンバの日はトッピングのコチュジャンをこれでもかと入れて、他を圧倒する生徒が各学年に1人はいた。

そんな朝鮮学校の給食の衛生面はかなりズサンだった。

日本の学校で給食を作っている方々の中には、必ず1人は調理師免許もしくは栄養士の免許を持っていると聞いたことがある。しかも、調理中は白衣着用でマスクをして帽子をかぶり、入念な衛生チェックを行って子どもたちに給食を提供している。

いっぽう、朝鮮学校はお母さんたちは私服でやって来て、エプロンだけつけて給食を作っていた。

誰も調理師免許も栄養士の免許も持っていない。

検便の提出ももちろんしていない。


そんなズサンな衛生管理の中で、小学2年生の僕は給食のから揚げを食べて食中毒になった。

僕の姉もから揚げで食中毒になった。

いや、全校生徒のほとんどが食中毒になった。

その事実を朝鮮学校は都合が悪いので、もみ消した。

後日、僕が登校すると、先生は「お〜、来たんか」と、何食わぬ顔で言ってきた。

小学2年生の子どもが食中毒になったのにもかかわらず、謝罪はおろか心配もなかった。

それからしばらくは、給食でから揚げが出ることはなかった。

そんな事件があったことがうやむやになりつつあった、何げない土曜日。

いつものように日本漢字能力検定の勉強や英会話の授業が終わり、給食の時間。

何ごともなかったかのように給食でから揚げが出てきたのだ。

小学生の僕は、トラウマのごとくあの事件がよみがえり、驚愕（きょうがく）のあまりそのから揚げを二度見した。

二度揚げしてほしかった。

朝鮮学校生はラジオ体操を知らない。「人民保健体操」って？

朝鮮学校では体育の時間にラジオ体操ではなく「人民保健体操」という北朝鮮独自の体操を行っていた。

当然のことだが、運動会でも準備体操はもちろん人民保健体操だったので、ラジオ体操をする機会がない。

なので、生徒のほとんどが「ラジオ体操第一」すら知らない。

もちろん、夏休みに公園でラジオ体操をしてシールをもらった経験もない。

そんな人民保健体操仕込みの僕はアイドルが好きだ。

推（お）している地下アイドルのライブに行った夏のある日。その日は朝8時から早起きライブがあった。

いつものように、心の中でアイドルの曲を踊りながらライブを観ていた。ほぼ全曲フリを覚えているが、ライブハウスで踊るのは恥ずかしいので、いつも心の中で踊りながら後方で、彼氏面（づら）して観ている。

ライブを観終わるとアイドルが、

「今日は朝早いので、みんなでラジオ体操をしましょう！」

全員でラジオ体操をする流れになった。

ラジオ体操第一すら知らないのに……。

しかし、僕はラジオ体操を知らない。

ただ地下アイドルのライブ会場は人が少ないので、棒立ちだと目立つ。アイドルにとがっていると思われて嫌われたくないので、見よう見マネで踊った。

ラジオ体操をするのは初めてで、周りを見てマネしながら動いていたので、僕だけワンテンポ遅かった。

体感、僕だけ3Gだった。

心の中では終始、人民保健体操が流れていた。

もし地下アイドルのライブハウスが日本ではなく北朝鮮だったとすれば、ありったけのシールをもらっていたことだろう。

朝鮮学校の変わった運動会

朝鮮学校は体育祭がないので、高校まで運動会がある。運動会の日は、家族や親戚、地域の在日同胞が一堂に会する。

日本の学校は赤組と白組で分かれると思うが、朝鮮学校は赤組と青組に分かれる。

入退場の行進が独特で、上半身を斜め後ろにして足を高く上げる。

腕を胸の位置まで交互に上げる。

まさに威風堂々（いふうどうどう）のいでたちであるが、上半身は斜めであればあるほど良いとされていた。

最初は、校長先生の挨拶（あいさつ）や宣誓、準備体操を行う。ここまでは日本の運動会も同じだろう。**そして、準備体操はラジオ体操ではなく、もちろん北朝鮮独自の「人民保健体操」だ。**

種目については、これもまた日本の学校と大差はない。徒競走、玉入れ、騎馬戦、綱引き、障害物競走……などだ。

たまに理解不能な競技もあった。僕が通っていた朝鮮学校の小学校では**「息子自慢、娘自慢」**という種目があった。

全家族スタート地点に並び、3組ずつくらいが同時に走り出す。子どもたちは運動場で待機している。自分の家族が出て来たら合流し、そのままゴールまで向かう。

順位はつかないのでゆっくり走る。つまり、親たちがスタートしてわが子を連れてゴールまで「この子が私たちの自慢の息子です」「この子が私たちの自慢の娘です」と家族アピールするような競技だ。

ゴールに到着すると景品としてサランラップや洗剤やティッシュなどがもらえる。

小堺一機さんの「ライオンのごきげんよう」のような景品だった。

僕の家族は父、母、姉、僕の4人で、家族おとなしくゴールして景品をもらい、自分たちの席についていたが、でしゃばり一家は親族一同十数人でまるでレッドカーペットを歩いているのではないかと疑うほどゆっくり歩き、わが子（孫）を周囲に見せびらかしていた。

これ以上ない不毛な時間だ。

昼食前のつぶしの時間。「息子自慢、娘自慢」が終わると、家族ごとに分かれて昼食タイムに入った。

僕と姉は母が作ってくれたお弁当を食べていた。

父と母はお酒を飲まず、タバコも吸わなかったが、朝一からお酒を飲んだりタバコを吸ったりする家庭が多かった。

朝鮮学校の運動会は宴会と化していた。

今でも鮮明に覚えているが、小学2年生の頃、同級生のお母さんがヤンキー座りをしながら缶ビール片手にタバコを吸っていた。

そんな成人女性は初めて見たので、僕は怖くて泣きそうだった。

朝鮮学校の運動会は子どもの教育に良くない。

中学の運動会もおおむね同じだった。

小学校と違う点でいうと、組体操だ。小学校は生徒数が少なかったので組体操は男女混合だった。中学になると組体操は男子だけになり、女子は旗を持って北朝鮮の「大衆律動体操」に合わせて踊っていた。

高校の運動会にも父母たちはやって来る。売店があり、チヂミや焼きそば、お酒やソフトドリンクが販売されていた。

高校では吹奏楽部が常に演奏していた。また、部活紹介というコーナーもあり、僕はサッカー部だったので公式戦のユニフォームを着て行進していた。

あとは毎年、高3の男子の中から選ばれた数人が舞踊部の女子たちと一緒にチョゴリを着て朝鮮舞踊を踊(おど)っていた。僕も高3のときに選ばれて、チョゴリに身を包み、小さい太鼓を叩きながら踊った。

今考えると、運動会というより祭りに近かったと思う。**出店あり、酒あり、舞台ありの〝運動会〟なのだから。**

僕にとっては、高校の組体操は練習がかなりだるかった。

大きいピラミッドを作り終わった後に、男子全員で肩を組んで行進しながら叫ばされる。

「○○朝高！　一心団結！　一心団結！　一心団結！
愛族愛国！　愛族愛国！　愛族愛国！　継承する！」

今考えるとおぞましい。

地域の在日同胞の人たちはいろいろな角度から、

「いいね！」

「いいよ！」

と、ボディービル大会ばりのかけ声が飛び交っていた。

また、高３最後の運動会では、最終種目のリレーでアンカーを任された。

学年ごとに男女4人ずつ選出された。高3の男子も赤組2人、青組2人。僕は青組のアンカーの1人だった。運動会前のリハの結果は赤組、青組、青組、赤組の順だった。

そして迎えた当日。

待機しているともう1つの青組のアンカーの親友が僕にこう言ってきた。

「俺、今日のためにめっちゃ自主練してきてん。絶対勝ちたいねん」

僕は親友のその真剣な眼差し（まなざし）を見てこう言った。

「じゃあ、赤組がリハ通り一番にアンカーにバトン渡してくると思うから、その次にバトン渡しにくる青組の子のバトンもらって走っていいで」

一応、青組の1、2というようにグループは決まっていたが、親友のために機転を利かせた。

「ほんまにありがとう。絶対勝つわ」

そして本番、リハ通り赤組が1位のままアンカーにバトンが渡った。次に青組の子が来た。僕は親友の肩をポンポンと叩いた。

「行ってこい！」

すると親友は1位の赤組とかなりの差が開いていたのにもかかわらず、距離を縮め接戦になった。全校生徒も父母たちも首位争いに釘（くぎ）づけだ。

僕は3番手で走っていた。

青組の子たちが大きな旗を振りながら走者を鼓舞するはずが、僕には見向きもせず首位争いに夢中。

次に僕が父母たちの前を走る。誰も僕を見ていなかった。

声援もなし……。

その頃には1位と2位の決着はついていて、余韻（よいん）に浸り誰も僕を見ていなかった。

そんな光景に腹が立ち、ゴール地点までゆっ、く、り走ってやった。

学生時代最後の種目が、僕1人だけ「息子自慢、娘自慢」で幕を閉じた。

朝鮮学校にプールはない。だから僕も泳げない

朝鮮学校はプールも水泳の授業もない。

なので、僕は今も泳げない。おそらく日本の学校に比べ**泳げない生徒が多いのが朝鮮学校の特徴の1つ**と言っていい。

野営（日本の学校でいうところの「林間学校」）でプールや海に行くこともあったが、泳ぎ方はいっさい教えてもらえなかった。

僕は泳げないので砂浜に座ったり、足がつく深さの場所で時間をつぶしやり過ごしていた。こうやって泳ぎ方を知らないまま高校3年生になってしまった。

高3の夏休み。

サッカー部だった僕は、負ければ即引退が決まる選手権の予選に向けて毎日部活に励んでいた。

来る日も来る日も部活に明け暮れる日々。そんな環境だったからか、無性（むしょう）に女の子と遊びたくなった。同じサッカー部の友人にその旨を伝えると、意気揚々と言った

「最近仲良くなった女の子が３人いるから、男子も何人か呼んで遊ぼ」

彼はサマースクール（日本の学校に通っている在日コリアンの子たちを呼んで、１泊２日や２泊３日で遊んだり朝鮮の文化を教えたりする朝鮮総連主催のプログラム）で知り合った女の子たちを紹介してくれたのだ。

ＬＩＮＥで写真を見せてくれたのだが、３人とも可愛かった。

メイクもしっかりしていて朝鮮学校では見たことがない女の子たちだ。

朝鮮学校の女子はメイク禁止だし、髪形も朝鮮舞踊をする舞踊部の子たちはオールバックでくくり、後ろで団子を作るのがオフィシャルだった。

富士額（ふじびたい）丸出しのすっぴんオーガニック女子に目が慣れていたので、よりいっそう可愛く思えた。

そして、彼に何度もお礼を言い当日を迎えた。

女の子3人と朝鮮学校の男子4人の計7人で遊んだ。

朝鮮学校の同級生の女の子たちとは目を合わせて話していた僕だったが、彼女たちは3人とも可愛くて、緊張のあまり目を見て話せなかった。

それでも徐々に打ち解けていき、またすぐ遊ぶ約束をして解散した。

数日後、女の子2人と朝鮮学校の男子6人で海に行った。

「可愛い女の子たちと海」と聞き、前はいなかったのに男子2人がしれっとついてきた。

海に着くとまず浅瀬で水をかけ合った。ここまでは青春の1ページだ。

水のかけ合いも飽きてきて、いよいよ海で泳ぐという流れになる前に、僕は1人で砂浜のほうへと歩いて行った。

まだ女の子2人に、僕が泳げないことはバレていない。

泳げないことがバレると男子の中での僕の序列が下がる……。

何としてでもそれは避けたいので、砂浜でみんなのことをながめながら、

——お前たち、青春してんなぁ〜。

といった大人の風格を醸し出しながら体操座りしていた。

ただ泳げないだけなのに……。

女の子たちからモテたいので常にビジュアルを気にしていた。すると、誰かが持ってきたイルカの浮き輪にみんなでつかまり、遠いところまで行くというノリになった。

もちろん僕は泳げないので砂浜を徘徊していた。

このノリがしばらく続いた後、友人たちが、「ユソン、海来たのに全然遊ばへんやん」と声をかけてきた。

女の子2人も少しうなずいていた。それを見て、何の根拠もない先入観でもって青春に加わりたかったのだ。

――俺、もしかして泳げるんちゃう？

まぁ、泳げないのだが……。

それでも勘違いしたまま、イルカの浮き輪につかむことになった。でも、少し進むと急に怖くなってきた。

「俺、やっぱ戻るわ」

砂浜が本拠地でもないのに帰宅を宣言し両手を離した。

泳げないのでもちろん溺（おぼ）れた。パニックで暴れ回り、目いっぱい海水を飲んでしまった。自分の吐物（とぶつ）を眺めながら、ここまでのことが走馬灯のように頭の中に走ったのだ。

結局、男子の中で一番泳ぎがうまい友人が助けてくれたおかげで、何とか一命を取り留めることができた。友人に土下座する勢いで感謝すると、

「大丈夫やで。ほんまに大丈夫？」

と心配し、すぐに自動販売機で水を買って僕にくれた。

「きれいな水、飲みぃ」

海水を飲み過ぎた僕を気遣っての行動だ。

――なんていいやつなんだ……。

友人に何度も感謝の言葉を言い、一命を取り留めることができてよかったと安堵（あんど）した。

しかし、その後すぐに羞恥心（しゅうちしん）が押し寄せてきた。

――恥ずっ!!

女の子たちの前で溺れ、助かった後のビジュアルは最悪だった。後で聞いたのだが、だいぶ浅瀬で溺れていたそうだ。

結局、それ以降、女の子2人とは連絡が取れなくなった。

朝鮮学校に水泳の授業があれば、こんな恥ずかしい経験をしなくてすんだはずだ。

溺愛（できあい）できずに自らが海に溺れた話――。

洗脳か教育か？「朝鮮の歴史」は金一族の歴史から学ぶ

朝鮮学校にも歴史の授業はあった。それは小学生の頃から「朝鮮歴史」という授業として始まる。朝鮮の神話なども学んだし、南北分断後の歴史なども学んだ。

高校になると、日本の学校では「日本史」や「世界史」の授業があると日本人の友だちから聞いた。しかし、朝鮮学校は「日本史」と「世界史」の授業はなく、「世界歴史」という授業で日本の歴史も世界の歴史も学んでいた。

空いた時間にどんな授業を受けていたかというと、「現代朝鮮歴史」という授業があった。

いろいろ学んだのだが、そこでは〝**金一族の生い立ち**〟をひたすら教わっていた。

授業という名目で総書記のオタ活をさせられていたのだ。

推しのポスターのように……。

また総書記の誕生日は学校が休みだった。休みとはいえ、全国規模で生誕祭が行われていたのだ。政治家のみならず、日本の女性アイドルグループまでも「総選挙」を行っているのにもかかわらず、北朝鮮は常に一強だ。
史上初のセンターの座を争わなくてすむ〝**単推しアイドル**〟だ。
総書記は世襲制なので代々推しが変わっていった。
今考えると、**実写版「推しの子」**だった。
「完璧(かんぺき)でウソつきなキムは天才的な将軍様」だった。
もはや洗脳でも教育でもなかった。
トップオタによる布教活動が盛んに行われていたのだ。

音楽の授業は北朝鮮の歌。金一族か社会主義を讃える曲ばかり

朝鮮学校は音楽の授業で日本の曲を習わない。
すべて朝鮮の曲を習う。

北朝鮮と韓国が分断される前の朝鮮の曲、そして北朝鮮の曲だ。

朝鮮総連や朝鮮学校で作られた曲も習う。

ただ朝鮮学校に通っていた12年の間に、日本の曲を習ったことが一度だけあった。

小学2年生の頃に音楽の先生が『世界に一つだけの花』を教えてくれた。「良い曲で流行(はや)ってるし、絶対知っていたほうがいいから」と言っていた。

朝鮮学校は「日本語」の授業中以外は朝鮮語で話さないといけないので「ほかの先生たちには内緒ね」と言いながらピ

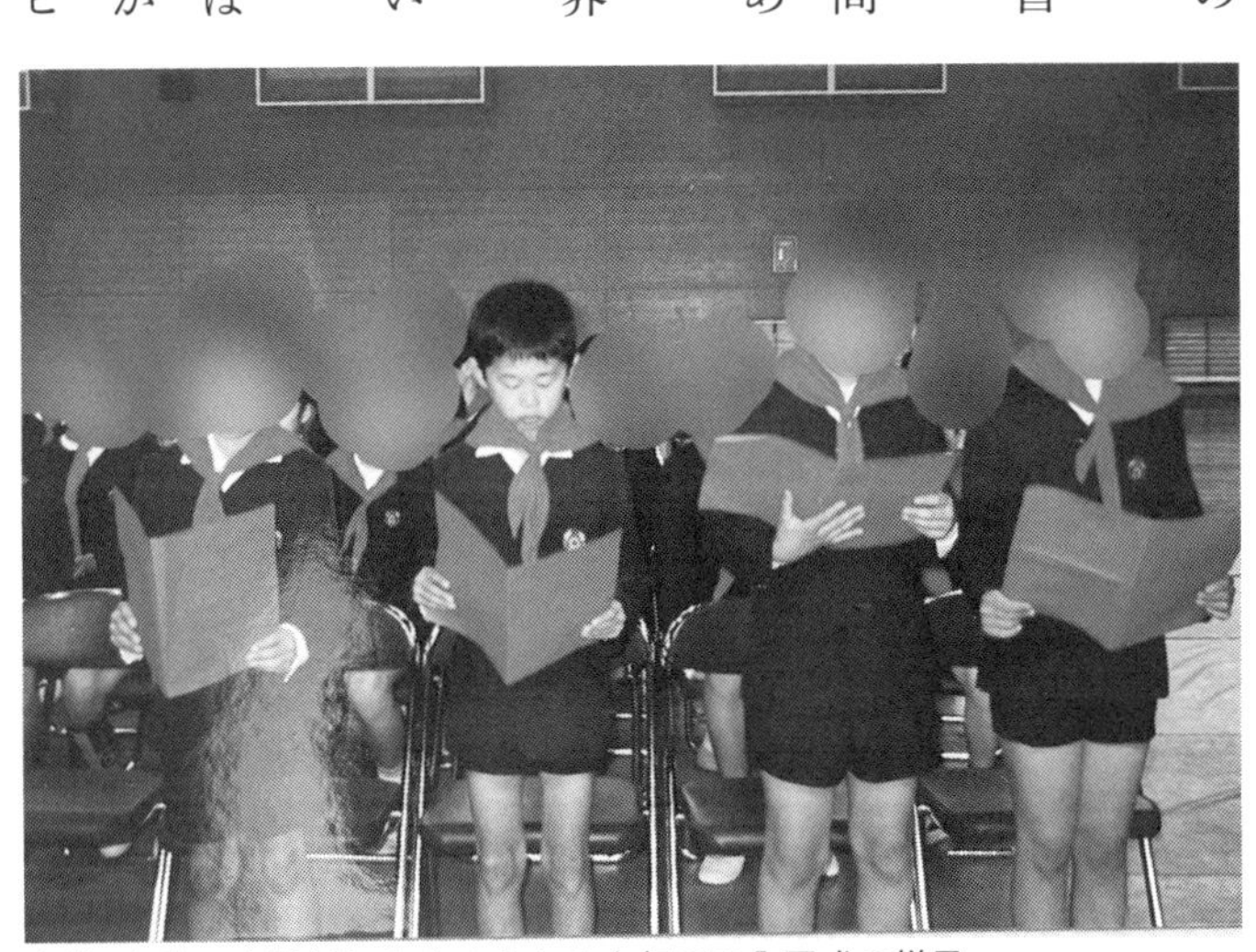

小学4年生から強制加入させられる少年団の入団式の様子

アノを弾き始めたことは、今でも忘れたことはない。

とにかく小学1年生から朝鮮の曲を習い始め、学年が上がるごとに歌詞はどんどん過激になっていく。最初はソフトな曲ばかりだったのに、気がつけば**完全なる北朝鮮の曲**を歌わされていた。

北朝鮮の曲がどのようなものだったかというと、金一族をただただ褒め讃えるだけの曲、もしくは社会主義国家は素晴らしいといった曲だ。

歌はほぼ、この2本立てだった。

毎回、一生金正恩について行きます的な曲を歌わされていたのだ。

高校1年生までは全員音楽の授業を受けるが、2年生になると選択授業になり音楽か美術のどちらかを選ばないといけなかった。

僕は音楽を選んだ。

というのも、高校の音楽の先生はおしゃべりが好きな方で45分授業のうち20分近くはずっとしゃべっているので、授業はとても楽しかったのだ。

授業では北朝鮮の曲も歌ったりしたが、朝鮮学校で作られた曲をよく歌っていた。

毎年行われる文化祭、そのテーマソングを音楽の授業を選んだ3年生が手がけることになっている。

僕も高3の時期に、曲作りに参加した。

文化祭では毎年、テーマソングは似通った内容で、朝鮮学校を守っていこう的な内容ばかりだった。日本に住んでいるのにもかかわらず、日本語の曲を歌うのを禁じられていたなんて……。

僕は日本の曲も教わりたかった。

日本の学校なら絶対に教わるであろう『翼をください』も教わらなかった。

「この大空に　翼を広げ
飛んで行きたいよ
悲しみのない　自由な空へ

翼はためかせ～」

校内で歌ってみたかった。

あっ、北朝鮮を支持している朝鮮学校で「この大空に翼を広げ飛んで行きたいよ　悲しみのない自由な空へ翼はためかせ～」などと口ずさむとややこしくなるので、控えたほうが良さそうだ。

クラスの委員長は世襲制。学年で成績一番だった僕でもなれない社会

朝鮮学校にもクラスや学校の委員はいた。

委員長、副委員長、国語（朝鮮語）委員、学習委員、フセン（日本の学校でいう風紀）委員、体育委員などがあった。

親が朝鮮学校で先生をしていたり、朝鮮総連の専従職員をしていたり、朝鮮総連系の企業で勤めている生徒は、ほぼ100%委員になる。

余った枠を違う子たちが埋めるような感覚だった。

僕は小中高12年間学年の男子の中で成績が1位だった。そんな僕でも委員長にはなれなかった。

当たり前のように、僕より成績が悪い子たちが委員長になっていた。

完全に出来レースだ。

最終的には指定校推薦で関西学院大学に進学したのだが、高校1年生のときに先輩から、

「クラスの委員に入ってたほうが指定校推薦の枠をもらいやすいらしいで」

と言われ、高校2年生と3年生の頃は学習委員として活動していた。

もちろん自ら委員になりたいという意思表示をしないとなれないので、高2のとき、担任の先生に話を持ちかけた。

建前で「クラスのために奮闘したいです！」という上辺だけの浅い言葉を吐いた。

本音は**「関西学院大学に指定校推薦で行きたい！」**だった。

高1の頃の担任の先生が僕のことを高く評価してくれたこともあり、なんとか委員になれたのだ。

高3になると全校生徒をまとめる「常任委員」が選ばれる。

8人いたのだが、完全に八百長だった。どれだけ成績が悪くても、部活で補欠でも親が朝鮮学校で先生をしていたり、朝鮮総連の専従職員だと常任委員になれる。

学年の男子の中で成績が1位でも選ばれなかった。

——何とも世知辛い……。

人生で初めて世の不条理と直面した瞬間だった。

AKB48の高橋みなみさんが総選挙で、

「努力は必ず報われる」

と言っていた。とても素敵なスピーチなので、僕もそう信じて日々活動している。

しかし、朝鮮学校の中だけは〝**努力は必ず報われない**〟のだ。

正当に評価されない環境だったので、将来子どもが生まれても絶対に朝鮮学校にだけは通わせない。

さすがは世襲制の北朝鮮を支持している学校なだけある。

朝鮮学校にしかない通知表の中身

日本の学校は通知表だが、朝鮮学校では「成績証」と呼んでいた。

評価は「最優等」「優等」「普通」「落第」の4つがある。

僕は12年間最優等、皆勤だった。高校の同級生が73人いたが、男子で12年間最優等、皆勤だったのは僕だけだった。

朝鮮学校の中ではかなり優秀だったのだ。

日本の学校は5段階評価だと思うが、朝鮮学校は10段階評価だった。

朝鮮学校は相対評価ではなく絶対評価だ。

全教科10のことを「オール10点」と呼んでいた。

12年間最優等、皆勤だった僕だが、このオール10点は達成できなかった。

僕は小学1年生から朝鮮学校に通い始めたので、低学年の頃は国語（朝鮮語）が9点だった。というのも、僕以外の同級生たちはみな朝鮮学校の「幼稚班（幼稚園）」から通っていたので、朝鮮語をそれなりに話せた。

まったく朝鮮語を話せない状態で入学した僕は当然のように9点（それでも頑張って9点取った）。

麒麟児（きりんじ）でもなければ、入学早々オール10点は困難だった。

オール10点を一度も達成したことがない僕は劣等感にさいなまれていた。

小学6年生の頃、必ずオール10点を達成してやろうと脇目も振らずテスト勉強をした。その努力が報われ、期末試験の全教科で過去最高点数を叩き出したのだ。

念願のオール10点を達成できただろうとワクワクしながら成績証を受け取り、中を確認すると図工だけ9点だった。

悔しさのあまり家に帰り号泣した。そして、泣き疲れ寝てしまった。

起きると父と母が笑っていた。

「もうオール10点みたいなもんやん」

「気にせんでええで」

優しい言葉にまた涙を流した。

オール10点を達成できなかったことも悔しかったが、小6で図工9点と大人から評価されたことが地味に傷ついた。

美的感覚が著しく乏しいとレッテルを貼(は)られたようで羞恥心が後から追いかけてきた。

しかし、今考えてみると、僕の図工の評価は10点以上の価値があったと思っている。

図工だけ9点でオール10点を達成できなかったわけだ。

だからこそ、〝未完成がゆえに美しいアートのような成績証〟になったのだから……。

朝鮮高校受験の倍率は1・0倍。受ければ全員が合格する理由

中学3年生の秋の肌寒くなってきた頃、僕の朝鮮学校での高校受験の勉強が始まった。

一条校（学校教育法の第1条に掲げられている教育施設の種類およびその教育施設の通称。狭義の「学校」のこと）ではなく、各種学校扱いの朝鮮学校にも高校受験はあった。

朝鮮学校の高校は無償化の適用から除外されており、補助金もカットされているの

で学費が一段と高くなる。なので、高校に上がるタイミングで日本の高校に進学する子が増える。

もちろん、朝鮮学校の教育内容に疑問を抱き日本の高校に進学する子もいた。

僕は家が貧乏で塾に通えなかったこと、家族や親戚がみな朝鮮学校の高校まで進学したこと、朝鮮学校の高校の先生から「ユソン、朝鮮学校の高校においで」と言ってもらったこともあり、朝鮮学校の高校に進学することに決めていた。

ただし、**朝鮮学校の高校に進学する子も、日本の高校に進学する子もみな朝鮮学校の高校受験をしなければいけなかった。**なので、授業中や放課後に全員が高校受験の勉強をしなければいけなかったのだ。

迎えた受験当日。坂の上にある高校まで歩き到着。

試験は確か5教科だったと思う。国語（朝鮮語）、日本語、英語、数学の4つは記憶している。

すべて受け終わり帰路に着いた。

――あの問題の答え、合ってるかな？

――書き間違えてないかな？

僕は過度な心配性なので不安だけがつのっていく。

ほかの高校を受験していない朝鮮学校の専願受験なので、不合格だと後がない。

合格発表まで気が気じゃなかった。

いつも通り部活を終え帰っている途中、友人のガラケーに１通のメールが届いた。

朝鮮学校の高校に通う１つ学年が上の先輩からだった。

「受験番号、貼り出されてるで！」

写メを見ると「００１」からびっしり番号が書いてあった。

１００番台まで張り出されていたが、なんと１つの番号を除きすべての番号が記載されてあった。

もちろん僕の番号もあった。

ひと安心した後、先輩からの返信があった。

「ここに１つだけ載ってない番号、誰や？」

朝鮮学校コミュニティーの悪しき習慣である。そいつをあぶり出して、すぐに噂を広める。

これが先輩の本来の目的だったのだろう。

後で知ったのだが、貼り紙に載っていなかった受験番号の子は、**当日体調不良で休んだらしい。**

なので……全員合格していたのだ。

受験倍率は1・0倍。

そのときに僕は悟った。

――あっ、俺って学費やったんや……。

朝鮮学校は北朝鮮を支持している学校だ。

北朝鮮は社会主義国家だ。

社会主義国家を支持している学校にもかかわらず、日本に存在するどの学校よりも資本主義だった……。

コラム

モノクロ

数年前、年上の女性とお酒を飲んでいた。

お酒も入り恋愛の話になった際、軽いノリで、「僕とかどうですか？」と聞くと、「弟にしか見えへん」と一蹴（いっしゅう）された。

こんな質問しなければよかった。

正式に告白をしていないのにフラれた気分にさいなまれた。

僕の恋愛戦績手帳を取り上げられ、勝手に黒星を付けられたような感覚だった。

すぐに忘れ去りたかった僕は、手帳に記されたばかりの黒星を消し去ることを試みた。


しかし、油性ペンで色濃く記されていた。

時すでに遅し。

あの出来事は、今でも脳裏に深く刻まれている。今後も忘れることはできないだろう。

「恋愛対象として見ていない」

と一方的に突き放されたが、僕だって恋愛対象として見ていない。

もっと言うなら
——お姉ちゃんみたい。

と思ったことすらない。

「弟にしか見えへん」

同じ扶養に入った覚えは一度もない。

赤の他人だ。

飲みの席での軽いノリを真に受けて頑なに拒(こば)まないでいただきたい。様子見で軽くジャブを打っただけなのに、仕返しでがっつりボディブローを打たれたような感覚だった。

リングにひれ伏す僕。
――立て、立つんだユソン！
名セリフのオマージュで自らを鼓舞するユソン。
ひれ伏したユソンを俯瞰（ふかん）しながら見ているユソン。
リング上に突如現れたユソンのマトリョーシカ。
マトリョーシカなのに、結局立ち上がることはできず敗戦を喫した。
完膚（かんぷ）なきまでに叩きのめされ黒星を喫した僕の頭の中は真っ白になった。

第3章

一度は……行かなくていい北朝鮮

僕の北朝鮮修学旅行体験記

「朝鮮学校修学旅行記」はあくまで〝僕の体験記〟です

朝鮮学校の高校の修学旅行先は北朝鮮だった。

しかも2週間も北朝鮮に滞在する。

これはほぼ〝短期留学〟だ。

実際のところ、20時を過ぎるとお湯が出なくなり錆汁(さびじる)しか出なくなるのでお風呂に入れなくなるし、停電は日常茶飯事だった。

韓国ドラマ『愛の不時着』を見てエモくなった数少ない存在は本当だった。

と、北朝鮮での思い出話をつづっていくが、あくまで僕の修学旅行体験記だ。

修学旅行で北朝鮮に行った朝鮮学校出身者は多いが、人それぞれの修学旅行記があるはずだ。

同じ場所で同じ景色を見ても、人それぞれ思うことや感じることとは違うと思う。あくまで一個人の思ったことや感じたことだということだけ、先にお伝えさせていただきたい。

みなさん、北朝鮮に行ったことないでしょ？

人生半分、得してますよ。

関空から北京、北京から平壌へ。唯一食べられなかった高麗航空の機内食

日本と北朝鮮には国交がないので、中国かロシアを経由し北朝鮮に入国しなければならない。

僕ら朝鮮学校の一行は、中国の北京空港を経由し平壌に入国した。

日本と北朝鮮はこんなに距離が近いのに、と地図を見ればわかるが、僕らは始発で向かわなければならなかった。

先生と家が近い生徒たちで駅に集合し、バスで関西空港へと向かった。

ただし、生徒、先生全員が同じ飛行機に乗るわけではなかった。

僕は兵庫県にある朝鮮学校に通っていたのだが、県の東側に住んでいる生徒はエアチャイナ、西側の生徒はＪＡＬかＡＮＡだった。

僕はギリギリ、エアチャイナだった。

先輩たちからエアチャイナの悪い評判を聞いていたので、正直ＪＡＬかＡＮＡがよかった。

しかも東側の生徒も西側の生徒も旅費は同じだ。

なんとも世知辛い。


エアチャイナに乗るとキャビンアテンダント（ＣＡ）さんたちが中国語で話しかけてきた。

中国語はわからないので英語で話しかけても中国語で話してくる。

しばらくして機内食が提供され始めた。

「フィッシュ？　オア　チキン？」と聞きながら提供していくＣＡさん。

僕は絶対チキンにしようと決めていた。

いよいよ僕の番がきた。

――チキン！

ときれいなＣＡさんに緊張せずにしっかり伝える準備をして待っている僕に、ＣＡさんは何も言わず微笑みながらフィッシュを置いた。

どうやらチキンが怒濤の売れ行きだったため、すでに選択権がなかったのだ。微笑みながら無言でフィッシュを置く。

フィッシュの機内食を一口食べたが、僕の口には合わなかった。

決してフィッシュが苦手なわけではない。

むしろ好きの部類だ。

ただ、機内食特有の味が受け付けなかった。

後で知ったことだが、西側の連中は日本の航空会社だったので機内食は和食で、しかも茶蕎麦が出て非常に美味しかったそうだ。

同じ値段でこの差。悔しいがうらやましい限りだ。

僕は機内食をほとんど残し、空腹のまま北京空港に着いた。

北京から平壌に行くまでの飛行機はみな同じだ。

かの有名な「高麗航空（コリョ）」だ。

飛行機に乗るまで少し時間があったので、僕は北京空港内を散策していた。

すると、漢字表記のスターバックスを見つけた。

空腹だった僕は、スターバックスでお腹を満たすことにした。スターバックスはどの国でも同じで、北京だろうと関係なく美味しいという確信があったのだ。

店内をのぞくと、同じ時期に修学旅行で北朝鮮に行く別の朝鮮学校の生徒たちがいた。

入店しようとする僕を先生が見かけたらしい。

「入ったらあかんで」

「えっ？　何でですか？　○○朝鮮高校の子たちも入ってますけど」

「いや、入ったらあかんで」

先生はなぜ入ってはいけないのか理由を説明せず、「入ったらあかんで」の一点張りで押し通した。僕はあきれて断念するしかなかった。

そして、空腹のまま高麗航空に乗った。

機内は北朝鮮の曲が流れ、言葉にはできないが終始北朝鮮の匂(にお)いがしていた。

モニターには北朝鮮のアニメが流れていた。たぬきやうさぎといった動物たちがうっ血するのではないかと心配になるほど、ピチピチのユニフォームを着ながらサッカーをしていた。

しかも、現実世界ではあり得ないプレーを連発しまくっていた。**誇張し過ぎた『イナズマイレブン』のようなアニメ**だった。

しばらくして機内食が出た。

高麗航空の機内食は〝ハンバーガー1つ〟だ。しかも、このハンバーガーが美味しくないと有名だった。

なので、空腹ではあったが食べないでおこうと最初から決めていた。

僕の席の通路をはさんで左が先生だった。いつも赤い服を〝お召しになっている〟体育会系の先生だ。その先生が隣からにやけた顔で言ってきた。

「おい、食べろ」（笑）

「嫌ですよ」（笑）

僕も思わずニヤッと返答する。

「えーから食べろ！」（笑）

怖い先生だったので拒めない。

彼は北朝鮮に何度も行っているので、ハンバーガーが美味しくないことを知っている。当然、ハンバーガーには手をつけず目の前に置いたまま、僕に勧めてきたのだ。おなかが空いていないと断ることはできなかった。僕がスターバックスに入ろうとするのを知っていたのだから……。

もう食べないといけない状況になったので、僕は一口嚙(か)んでみた。

「うわっ！」

安いグラタンのさらに下位互換のような味だった。口に入れた瞬間ベロが逃げたような気がした。

大笑いする先生。

僕のリアクションを見て満足したのか、先生はすぐに眠りについたのだった。

お腹と背中がくっつきそうなくらい空腹だったが、さすがにハンバーガーを食べずにそっとテーブルに置いた。

——これ食べられる子おるんかな?

あたりを見渡すと、女の子が空腹の北朝鮮国民も驚くほど飢(う)えをしのぐかのようにハンバーガーを貪(むさぼ)っていた。

平壌到着後にスマホ没収は当たり前。スマホの存在を忘れるくらいの戦争博物館

平壌空港に着くやいなやスマホを没収された。

今もそうだが、当時もスマホを常に触る生活を送っていたので、2週間スマホなしで過ごせるか不安だった。

とくに最初の3日間くらいは「スマホを触りたい」と思っていたが、時が経つにつれスマホのことを忘れていた。

それほど北朝鮮での〝教育〟が濃かったのだろう。

とくに濃かったのが戦争博物館での教育だ。

朝鮮戦争（1950年～1953年休戦）時代にアメリカによって行われた虐殺事件を忘れてはいけないといった内容の博物館だ。

至る所に**「アメリカを許さない」**と書かれていた。

ガイドの方もよくこの言葉を使っていた。

博物館には地下に部屋があったのだが、その部屋で北朝鮮の子どもたちやお母さんたちが亡くなったそうだ。

僕らはその部屋に入らないといけなかった。

修学旅行生は毎年この部屋に入ることになっており、部屋の中は少し肌寒かった。

地下であったからなのか、霊的な寒さだったのかはわからない。

すると、１人の同級生の女子が**「肩が重いです」**と言って部屋を出て行った。

霊感が強いのか、毎年１人は体調が悪くなるらしい。

それもそのはず、部屋には爪あとで「助けて」と書いてあった。

数十年前の血痕もそのまま残っていたのだから。


部屋を出ると大雨だった。

ただでさえおぞましい部屋の中を見た後でどんよりしていたのに、追い打ちをかけるかのように降る雨を見て気が滅入った。

すると先生が「円になりなさい」と僕たちをうながした。

同級生70人が円になると、１人が堰を切ったように急にしゃべり出した。

「アメリカを許してはいけません！」

そして、また違う１人が、

「絶対に忘れてはいけません！」

と声を荒げた。彼らは全校生徒をまとめる「常任委員」だ。

常任委員の8人が代わる代わるしゃべっていく。

彼らの怒声に、同級生の中には泣いている子もいた。僕は代わる代わる発言していく常任委員たちを見て、

――本心なら自分の言葉で言えや！


と思った。なぜなら、彼ら彼女らは先生から事前に台本を渡されていたからだ。

本当に伝えたいことがあるなら、誰かに指図されることなく自らの言葉で発言してほしかった。

バスに乗り、次の目的地に向かう際、外を見ると、

「米帝狼（べいていろう）を許さない、復讐（ふくしゅう）しよう」

と、狼（おおかみ）の絵とともに書かれた看板があった。

北朝鮮は看板大国なのであちこちに看板がある。

こんな看板をあちらこちらバスで眺めた2週間だった。

あれほど「アメリカを許してはいけません！　絶対に忘れてはいけません！」と言

っていた常任委員の連中も全員、帰国後、関西空港に着くやいなや“iPhone”を触っていた。

朝晩はホテルで食事。食事は美味しかったのかまずかったのか

北朝鮮での食事は基本的にホテルでとっていた。

気になるお味だが、全体的に薄かった。とくに毎朝出てきたお粥（かゆ）とヨーグルトに関しては無味だった。

なぜ、あのお粥とヨーグルトがスタメンに名を連ねていたのかは、いまだに理解できない。

お粥に味がないという情報は、先輩たちから聞いていたので知っていた。

これは朝鮮学校の生徒内でも有名な情報だったので、後輩たちから「**永谷園のお**

茶づけの素（もと）」を差し入れでもらっていた。

この情報を知っていた生徒数人は、お粥にお茶づけの素を入れ、ヨーグルトにはテーブルに置いてあった砂糖をティースプーン山盛り2杯以上入れて食べていたほどだ。

そんな僕たちを見て朝鮮学校の先生が、「ご飯を作ってくださっている方々に失礼なので、お茶づけの素を入れるのはやめなさい」と言う。

——こんな味のないお粥、提供してくるほうが失礼やろ！

僕は容赦（ようしゃ）なくお茶づけの素を入れて食べていた。

北朝鮮のお粥に日本のお茶づけの素。

食の国交正常化を1人で楽しんでいた。

北朝鮮のホテルの従業員さんたちは、日本から来た僕たち在日コリアンの口に合うように料理を研究していると聞いた。

フレンチトーストやカレーライスなどもテーブルに並んだ。

味がない料理もあったが、ほとんどの料理を食べ切ることに成功した。

一度オムライスが出てきた際、一口食べて断面を見てみると得体(えたい)のしれない黒い丸がいっぱいあったときは驚いたが。

2週間のうち、一品だけどうしても食べられない物があった。

カブのような野菜の漬け物だ。

それは切っておらず丸いままだった。一口食べてみると泥の中に口を入れたのではないかと思うほど土の味がした。

そのまま残したかったが、完食しないと先生に注意されてしまう。

旅行中は「完食運動」と称し、〝北朝鮮の方々が作ってくださった料理は残さずすべて食べ切ろう〟という運動が行われた。

食べ残すと怒られるのだが、さすがに食べられなかったので、カブは残して部屋に戻った。

次の日の晩。

昨晩、〝夕食で残したカブ〟のような野菜の漬け物が千切りで出てきた。

――切り方の問題ちゃうねん！

そして、冷静に考えてみると、そこには余った料理が平然と使い回されていた。

〝北朝船場吉兆〟だった……。

地獄のルーティン。バスの中でのあり得ないルール

旅行中の2週間は、ほとんどバスで移動しいろいろな観光地を回った。

目的地まで片道何時間もバスに乗ることもあったのだが、車内で〝絶対に守らないといけないルール〟があった。

寝ることは許されず、ずっと北朝鮮の曲を歌わないといけないというルールだ。

北朝鮮の曲とはもちろん、金一族をただただ褒め讃える曲、もしくは社会主義国家

は素晴らしい的な曲の２パターンのみだ。

日本から用意してきた北朝鮮の曲が１００曲ほど載ってある歌集を開き歌う。

マイクが用意されていて、指名されると１人で歌わないといけない。

歌い終わると次の人を指名するシステムで、バスの中では、これが延々と行われていたのだから、まさに**地獄絵**と言ってもいい。


途中から飽きてきたのかわからないが、朝鮮学校の先生と北朝鮮のガイドの方がバリエーションを増やして、男女のデュエットが始まった。

ひたすら金一族を褒め讃える曲と社会主義国家は素晴らしい的な曲を歌わされ続け、聞かされ続けていたので、どんどん自我が崩壊しそうになってきた。

そこで僕が独自に編み出した技がある。

それは脳内でJ-POPを流しながら、音姫のように北朝鮮の曲をかき消すといった技だ。バスの中でなんとか自我を保つことができていたのはJ-POPのおかげだったのだ。

観光地・博物館・水族館……名所めぐりはVIP待遇!?

バスに乗って平壌市街以外の観光地を回ったが、遠い場所だと片道3、4時間はかかった。もちろん車内では、北朝鮮の歌を歌い続けないといけないルールは先ほどお伝えした。

朝鮮学校の修学旅行生は観光客扱いなので、北朝鮮ではかなりのVIP待遇を受ける。笑うことを許されない観光地（施設）なども回ったが、水族館や遊園地などの娯楽施設にも行ったりした。

車内でソロコンサートくらい歌わされた後、目的地の遊園地に到着した。

入園すると遊園地のスタッフが僕たちを案内してくれた。

スタッフが、「この遊園地は数年前にできたばかりです」と言う通り、見た目はかなりきれいでにぎわっていた。

遊園地では、7つほどあるアトラクションを順番に回っていった。

ただ、各アトラクションの座席の中に1席だけ赤色の席があった。理由を聞いてみると、金正恩が視察で座った席だからだそうだ。

やり口が「やべっち寿司」のベッカムの席と同じだ（テレビ番組「めちゃ²イケてるッ！」でナインティナインの矢部浩之さんが寿司屋に扮し、ゲストに寿司を振る舞うコーナー）。

アトラクションは後になるにつれ、絶叫系だと説明された。なので、アトラクションに乗るかどうかは希望制で、乗りたくなければ乗らなくてもよかった。

僕はせっかく北朝鮮に来たし、今後二度と訪れることはないだろうと思い、すべて乗るつもりでいた。

生粋(きっすい)の関西人なので元を取ってやろうと息巻いた。

もちろんＶＩＰ待遇なので全アトラクション並ばずに乗れる。

北朝鮮国民の長蛇の列を差し置いて僕たちが優先して乗ることができるのだ。

まさか北朝鮮でファストパスだなんて思いもしなかった。

しかし、そのたびに北朝鮮国民からにらまれた。

乗り終わると休憩なしで次のアトラクションに乗るようながされる。

スパルタガイドだった。

スタッフの言う通り、アトラクションはどんどん絶叫系になっていった。

これがかなり怖い。

遠心力で回る系のアトラクションがあったのだが、〝**ソウルに不時着する**〟のではないかと不安になるほどだった。

しかも、冷静に考えるとここは北朝鮮の遊園地だ。

ユニバやディズニーだったら安心できるが、なんてったって北朝鮮だ。

安全だという信憑性に欠ける。

僕は無事にアトラクションが終わることだけを祈った。

回る系のアトラクションを無事終わると、すぐに次のアトラクションに乗るよう案内された。


北朝鮮の遊園地に休息はなかった。


もう怖いという感情よりも乗り物酔いのほうがはるかに上回っていた。

次はユニバの「ザ・フライング・ダイナソー」のようなアトラクションだった（ユニバーサル・スタジオ・ジャパンにある世界最長×世界最大高低差の最新鋭コースター）。

乗ってみるとしなやかさが皆無だ。

平成初期のゲームのようなコマンド入力だった。

もう〝**ジェネリックのフライング・ダイナソー**〟とでも呼ぼう（ヒット商品を

まねた二番煎じを「ジェネリック〇〇」と揶揄して言う）。

恐ろしいアトラクションが終わり、ついに最後のアトラクションに案内された。これより怖い乗り物が待っているのか……。

僕は乗り物酔いがひどくなり、すでに吐き気を催したので、最後のアトラクションには乗らずリタイアした。

同じくリタイアしたクラスメイトたちと、しばらく地べたに寝そべりながら乗り物酔いを落ち着かせたのは言うまでもない。

遊園地観光も終わり、バスに乗りホテルに帰る。

乗り物酔いがまだ治っていないのにバスに乗らなければならない。

とにかく車内で吐かないことだけを考えながら座った。

バスが出発し、しばらくして先生が後ろを振り向き僕たちにこう告げた。


「歌、歌いましょ！」

――もうええやろ!!

ＶＩＰ待遇は必ず良いとは限らない。

初めて北朝鮮国民になりたいと思った瞬間だった。

博物館で「金日成・金正日のろう人形」を見た後に場を凍らせた出来事

世界各国の寄贈品が展示されている博物館に行った。

民族衣装のチマチョゴリを着た北朝鮮のきれいなガイドの女性が館内を案内してくれた。みんなで楽しく笑いながら館内を回った後、しばしの休憩。

休憩明けに先生が神妙な面持ちで全員にこう告げた。

「今から金日成元帥様と金正日将軍様のろう人形に挨拶（あいさつ）するから、お前たち何があっても絶対に笑うなよ」

「絶対に笑ってはいけない修学旅行in平壌」がゲリラ開催された。

「まず金日成元帥様の部屋から入るから」

——あっ、別室なんや……。

てっきりユニットバスタイプだと思っていたらセパレートタイプだった。

部屋に入ると、何とも物悲しい音楽が流れていた。

真っ暗で金日成のろう人形が置いてある前方部分だけ照明がついていた。

——ろう人形、どんな感じやろ？

気になり見てみると、今にも動き出しそうなほどリアルだった。

あまりのリアルさに笑いそうになったが、もしここで笑ってしまうと無事日本に帰国できるかどうかわからないので、なんとか笑いをこらえて挨拶をした。

金日成のろう人形に挨拶した後、金正日のろう人形にも挨拶した。


博物館を出る前に、僕は友だちと朝鮮語でしゃべっていた。

「こんなん俺らに良いところ見せてるだけやろ」

友だちに朝鮮語で北朝鮮の悪口を言っていた。するとその彼が……。

「ユソン！　ユソン！」

と目くばせを送る。おそるおそる振り向くと……。

北朝鮮のガイドの女性が僕のことをにらんでいた。

普段友だちとは日本語で話すのだが、日本では日本人には聞かれたくない内容はすべて朝鮮語で話していた。

朝鮮語が公用語の北朝鮮で、なんと普段のクセで朝鮮語で話してしまったのだ。それが最悪の事態を招いたのだ。

にらんでいるガイドの女性に気づいた瞬間、

――あぁ、俺の人生って平壌で幕を閉じるんや……。

と悟ったのだった。

その場からすぐ立ち去ろうとしたが、僕は驚きとその後に襲った恐怖のあまり一歩も動き出せなかった。

僕はその博物館で3体目のろう人形になっていた。

本音は言えない。とにかくつらかった夜のディスカッション

朝から夕方までバスに乗って観光地を回り、ホテルに帰り夕食を食べ終わると1日が終わる……とはならなかった。

夜のディスカッションが毎晩行われた。

ホテルの部屋と部屋の間に机やソファーが置いてあるスペースがあったのだが、そこでクラスごとに分かれて話し合いが行われていた。

朝鮮学校の担任の先生が、「はい、じゃあ今日○○と○○に行きましたが、何か感

想のある人」と言うと、挙手をして感想を述べていく。

――早よ終わってくれ……。

僕はそう思いながらソファーに腰掛けていた。

すると数人が手を挙げる。指名された同級生の女子が話し始める。

「今日は◯◯に行きましたが、金正恩元帥様がおっしゃっていた◯◯◯◯というお言葉を聞いて本当にそうだと思いました」

彼女は決まって一番に発言をしていた。

発言はすべてコピペ。

すると、先生が「良いですね」と彼女を褒める。

――ええの？

僕は心の中で苦笑してしまった。

その言葉を聞いてどう思い、どう行動に移すのかまで話していたのであればまだいいだろうが、このやり取り、ただのコピペにすぎない。

もう茶番以外の何ものでもない。

金一族の発言コピペ女子は、その後しっかり朝鮮大学校に行って朝鮮学校の先生になった。

彼女に続くように、朝鮮学校の先生から好かれている生徒たちが手を挙げて発言していく。もちろん北朝鮮や金一族を褒め讃える内容ばかりだった。

そんな不毛なディスカッションが1~2時間も続いた。

夜のディスカッションは、長引く日は2時間を超える日もあった。

僕はとにかく「早よ終わってくれ」と思い続けていた。

この時間が不毛だからという理由もあったが、別の最大の理由があったのだ。

それは、早く終わってくれないとシャワーを浴びられなくなってしまうことだ。

20時を過ぎてしまうとお湯が出なくなり錆汁しか出なくなる。

絶対に汗を洗い流したい。

――早よ終われ!

20時が近づいて焦っていると、僕の親友が口を開いた。

「今日行った観光地で『金正恩元帥様が○○○○』って言ってたけど、俺はあれ違うと思う」

場が凍りついた……。

僕も親友の発言に賛同するが、今は北朝鮮にいるので口が裂けても言えなかった。無事に日本に帰国できなくなる恐れがあるからだ。

すると、コピペ女子が「○○（親友の名前）！　そういうところがダメだと思うよ！」と口撃した。

コピペ女子は北朝鮮と朝鮮学校に従順だ。

どこがどうダメなのかは指摘しない。コピペ女子だから。

当然のこと、親友とコピペ女子は口論になった。

親友とコピペ女子の声だけが響きわたる北朝鮮の一角。

「朝まで生テレビ！」くらい長丁場になりそうだった。

――シャワー浴びたい！

みながうつむく中、数人の生徒がざわつきだした。

視線の先に目をやると、北朝鮮のガイドの男性が片隅に腰を掛けて話を聞いていた。

夜に学校の先生が見回りに来たことはなかったが、昼夜問わず国家ぐるみで見回りされていた。

それが北朝鮮、どこで誰が聞いているかわからない環境だ。

ことわざっぽく言うと、〝**壁に金日成あり、障子に金正日あり**〟だ。

しかも、よりにもよって彼の見た目はコワモテで、言われてみれば彼の瞳（ひとみ）を見たことがないほど常にサングラスをかけていた。

親友が危機にさらされていた。

しかし、親友の座っていた位置からはガイドのほうを確認できない。

終わらない口論……。

――〇〇（親友の名前）！　頼む！　もうやめてくれ！　一緒に日本帰ろう！

するど、ガイドが壁からひょっこり立ち上がって現れた。

「ちょっといいですか？」

ガイドの姿にようやく気づいた親友。一瞬顔が引きつったように見えたが、すでに詰んだ何とも言えない顔をしていた。

ガイドの男性の表情はサングラス越しのためわからない。

「私は金正恩同志を信じています。ですから、金正恩同志に一生ついていきます」

――ウソつけ!!!

ウソにもほどがある。ピノキオだとしたらもう伸びる鼻がない。

おおボラ吹きガイドだった。

彼は僕の親友に何も言わず、ゆっくりとその場を去っていった。

とりあえず親友が無事でよかった。

北朝鮮では本音なんてもちろん言わない。言わないんじゃない言えない国なのだ。

僕はこの修羅場の中、反町隆史さんの歌が頭の中でリフレインしていた。

「言いたいことも言えない　こんな世の中は　PYONYAN」

軍事訓練所視察。「軍人の話を聞く会」で目をみはったもの

修学旅行中、僕たちは北朝鮮のいろいろな軍事訓練所に行った。

成人男性の軍事訓練所、成人女性の軍事訓練所、同世代の男子の訓練所……。

とくに成人男性の軍事訓練所が思い出深い。

僕らが到着すると、かなりの歓迎ムードだった。

まず、お互いに合唱を歌い合った。そして、双方が北朝鮮の曲を何曲か歌い終える

と懇談会が行われた。

軍人さん数名と朝鮮学校の生徒数名が各グループごとに分かれて席につくと、軍人さんが僕たちに質問してきた。

「いくつに見える？」

――このノリって万国共通なんや。

同級生の１人が答える。

「24歳ですか？」

「違う」

「22歳ですか？」

「違う」

「君は何歳だと思う？」

僕に質問してきた。ここは一発ボケをかまさないといけないと思い、

「マフンサル？（朝鮮語で40歳）」

すると、軍人さんたちが、「マフンサル！　マフンサル！」と喜んだので、ひと笑

い取ることができた。

北朝鮮だったら天下を取れるのではないかと思うほどウケたのだ。


各テーブルには、お菓子とジュースが用意されていたのだが、これが僕が思い描くお菓子とジュースとかなりかけ離れていた。

お菓子は水分を極限までなくしたスティックタイプの乾パンだった。

口内の全水分が持っていかれた。

僕の隣に座っていた軍人さんが、僕の紙コップにジュースを注いでくれた。

一口飲むと初めての味に舌が驚いた。

ペットボトルのラベルを見ると〝コーヒー味の炭酸ジュース〟だった。

ジュースは2種類あった。もう片方は青リンゴ味の炭酸ジュースだった。

完全にハズレを引いてしまったのだ。

謎のコーヒー味の炭酸ジュースは僕の口には合わなかったので一気に飲み干し、僕は青リンゴ味の炭酸ジュースにシフトしようと決めた。

しかし、一気に飲み干し青リンゴ味の炭酸ジュースを注ごうとすると、軍人さんが笑顔ですかさずコーヒー味の炭酸ジュースを注いできた。

軍人さんはおそらく、コーヒー味の炭酸ジュースを一気に飲み干した僕を見て、これが好きだと思ったのだろう。

まったく逆だったのだが……。

また一気飲みをし、今度こそ青リンゴ味の炭酸ジュースにシフトしようとすると、またもやコーヒー味の炭酸ジュースを注がれた。

わんこそば状態だった。

僕は泣く泣く、その会はコーヒー味の炭酸ジュースで過ごした。

会は進み、軍人さんが僕に言った。

「ただこの場所に来たと日本に帰ってお父さんとお母さんに言うのではなく、金正日将軍様が先軍政治を発表された由緒ある場所だとしっかり伝えないといけません」

「はい、わかりました」

「ただこの場所に来たと日本に帰ってお父さんとお母さんに言うのではなく、金正日将軍様が先軍政治を発表された由緒ある場所だとしっかり伝えないといけません」

またまったく同じことを言ってきた。

「はい、わかりました」

「ただこの場所に……」

誇張なしで言うが、このラリーが5回は続いた。

僕はなんとか違う話題に変え、懇談会をやり過ごした。

懇談会が終盤にさしかかったときに、軍人さんが僕の目を見て、

「ただこの場所に……」

――もうええわそれ！　何回言うねん！

日本に帰国してから、あの軍人さんの言葉を思い出した。

「ただこの場所に来たと日本に帰ってお父さんとお母さんに言うのではなく、金正日将軍様が先軍政治を発表された由緒ある場所だとしっかり伝えないといけません」

――金正日が先軍政治を発表した場所やって言わなあかんって言ってたなぁ〜。

僕は父と母にこう伝えた。

「何回も同じ話ばっかりしてくる軍人がおったで」

北朝鮮の象徴「白頭山」へ。プロペラ機の恐怖

白頭山（ペクトゥサン）という北朝鮮で一番高い山に行く日があった。そこへはバスで行けないので、プロペラ機に乗って向かった。

このプロペラ機がかなり怖かった。

日本でプロペラ機に乗ったことはないが、おそらく日本なら安心して乗れることだろう。“Made in North Korea”だと考えただけで不安がつのった。

その北朝鮮プロペラ機はジェット機ほど大きくなく、そのぶんかなり揺れていたのだ。

機内中は不安に襲われながらも、僕らは何とか目的地に到着しホテルにチェックイ

ンできた。これまでずっと平壌にあるホテルに泊まっていたのだが、北朝鮮国内ではかなりレベルの高いホテルだったらしいことが、このホテルからうかがえた。

平壌のホテルがいいと言っても停電は日常茶飯事で、20時以降はお湯が出なくなり錆汁しか出なくなる。

しかし、白頭山に行った際に泊まったホテルはそれを凌駕する劣悪ぶりだった。

いつシャワーを浴びられなくなるかわからない。なので、部屋に入ってすぐ同部屋の友人に、「まずシャワー浴びよ！」と言ってシャワーを浴びた。

いつ錆汁に変わってもおかしくないので2人で入ることにした。

シャワーを浴びるそのお湯は、常軌を逸する温度だった。低温調理でサラダチキンが完成するのではないかと思うほどの熱さだ。

しかも、お湯が肌に触れると痛かった。

おそらくこれは電流だ。

それでも汗は流したいので、僕らはなんとか頑張ってシャワーを浴びた。

体を拭くためにバスタオルを広げると目いっぱいリアルな虎が描かれていた。一瞬身を守るしぐさをしてしまうほど驚いた。
まるでサッカー韓国代表のユニフォームのエンブレムみたいな前のめりの虎だった。

翌日、平壌に戻るため再びプロペラ機に乗らなければならない。
ただ、外はどんよりとしていて天気がかなり怪しかった。
すると先生が「もう１泊することになるかも」と。

――勘弁してくれや！

またこのホテルでもう１泊するのはごめんだ。
聞くと、去年の先輩たちは悪天候でプロペラ機が離陸できず、もう１泊したそうだ。
動いてほしいと思いつつも、悪天候で飛んでもらっても怖い。
結局、プロペラ機は離陸し無事に平壌に着陸できた。

北朝鮮でいろいろな経験をしたが、その中でもこのプロペラ機が一番怖かったかもしれない。

提携校の中学校視察。男の子と恋人つなぎで1日過ごす修羅場劇場

僕が通っていた朝鮮学校の高校と提携している北朝鮮の中学校があったのだが、その中学校に遊びに行く日があった。

そもそも提携の中学校ってなんやねんという話だが。中学校に着くとクラスの男女で出席番号順に並ばされた。

高校生男子は北朝鮮の女子中学生と、女子は北朝鮮の男子中学生とペアになり手をつなぎながら校内を案内してもらうことになった。

——どんな子とペアになるんやろ。可愛い子やったらええなぁ〜。

胸を躍らせながら列で待機していた。

すると、担任の先生が笑顔で、なぜか僕より出席番号が後ろの子に「こっちおいで～」と手招きで呼び、彼が先頭に立った。

——何でやろ？

少しだけ不可思議に思いながらも、自分がペアになるのを待っていた。

他の男子たちが女子中学生とペアになって、手をつないで校内に入って行く姿を見ながら、

——俺、どんな子やろ？

と待っていると僕の番で、「はい！　ストップ！」と声がかかった。

なんと僕から後の何人かは〝男子中学生〟とペアになってしまったのだ。

つまり、ロケット鉛筆方式で押し出されてしまい、僕の目の前には北朝鮮の男子中学生が現れたのだ。

「お願いします！」

無邪気な笑顔で挨拶をする男子中学生。

――マジか……嫌やな。

「手つなぎましょ！」

――そっか、手つなぐんか。

そして、なぜか彼だけ僕に恋人つなぎをしてきた。

本来なら女子中学生とペアになるはずが、男子中学生……。

しかも追い討ちをかけるかのような恋人つなぎ。

嫌で仕方なかったが、もしここで「嫌や！」などとごねると、無事に日本に帰国できるかどうかわからない。**僕は従順になるほうを選んだ。**

絵に描いたような角刈りの彼に案内されるがまま校内を練り歩いた。

その中学は男子バスケットボール部が北朝鮮国内で1位か2位という強豪だった。

そこで中学のバスケ部と朝鮮学校の高校の男子バスケ部が体育館で試合をすることになった。

その試合をバスケ部以外のみんなで観戦することになった。

サッカー部である僕は、体育館の端に座り試合を見届けていた。

高校3年生が中学3年生と試合をするので高校生の圧勝だと思っていたが、強豪校である中学生たちが驚くほどうまく、接戦でかなり見応えがあった。

そのときも、僕とペアの男子中学生はずっと隣で解説をしてきた。

「あの子は国家代表で、あの子は身長が何センチあって……」

もちろん恋人つなぎで……。

さすがに我慢の限界だったので、トイレに行ったばかりだったが、「ちょっとトイレ行ってくるわ」と言ってトイレに行こうとすると、「僕も行きます！」とトイレにもついてきた。
しかも、トイレの前で待ってくれると思いきやトイレの中まで入ってきた。
トイレの前で待ってもらうようながら

し、トイレで何をするでもなくいたずらに時間をつぶしたのだが、ドアを開けると当たり前のように彼がいた。

「早く行きましょう！　ヒョンニン（朝鮮語で「お兄さん」）！」

――マジか……。

そして、また恋人つなぎ……。

バスケの試合も終わり、運動場に出て軽くフォークダンスをして中学校見学は終わりに近づいたのであった。

先生の「写真撮影をして帰ります」という合図で、

――やっと帰れるわ。

と思いながら写真を撮ることになった。

僕と数人以外のクラスメイトの男子たちは、ペアの女子中学生と楽しそうに写真を撮っていた。

かたや僕は、男子中学生との2ショットを強いられた。

「本当の兄弟のように肩を組んでください！」

肩を組んで写真さえ撮れば帰れるので、肩を組んだ。

朝鮮学校の先生が、

「撮りま〜す！　３、２……」

すると、僕たち２人の両脇から、北朝鮮の男子中学生7、８人がものすごい勢いで走ってきた。


「アボジ〜!!（朝鮮語で「お父さん」）」


僕は男子中学生たちに押しつぶされそうになりながら、埋もれた態勢のままピースをしていた。

――俺アボジなん？　３歳くらいしか変わらへんのに。

なぜアボジと呼ばれたかは、いまだに迷宮入りだ。

写真を撮り終わり１人でバスへと向かった。

――俺も女子中学生とペアがよかったな……。

旅費のいくらかを返してほしいと今でも思っている。

1人運動場を歩いていると、北朝鮮の中学校の先生が近づいてきてこう言った。

「あなたは朝鮮学校の高校を卒業したらどうするの？」

「日本の大学に進学します」

「なんで朝鮮学校の大学に行かないの！」

日本には朝鮮学校の大学「朝鮮大学校」がある。その場で黙り込んでいると、中学1年生くらいの3人組が近づいてきて、

「なんで朝鮮大学校に行かないの？」

「いや～、まぁね……」

すると、先生が「北朝鮮と在日同胞社会に貢献しないとダメでしょ！」と追い打ちをかけてきた。

このままだと北朝鮮だけに埒（らち）が明かないので、僕は先生の目を真っ直ぐ見ながら、

「朝鮮大学校に行きます！」

とウソをつき無事にバスに乗ることができた。

バスに乗ると窓ガラスを手で叩く音が聞こえ目をやると、僕とペアだった男子中学生が「窓を開けてほしい」といったジェスチャーをしていた。

僕は先ほどまでの嫌な思い出が走馬灯のようによみがえったので、斜め上を見ながら無視して黄昏(たそがれ)ていた。

それでも男子中学生は窓ガラスを叩き続けていた。

僕以外のクラスメイトたちは窓ガラスを開け、ペアだった中学生と握手をしながら「ありがと〜！　また絶対会いましょ〜ぅ！」と声をかけ合っている。

——**まぁ、会えへんけどな。**

そして、バスが出発すると中学生たちがいっせいに走ってバスを追いかけてきた。

「わぁ〜！　走って追いかけてきてくれてる〜！」

感動するクラスメイトたち。

——走ってんなぁ〜。

気になったのでサイドミラー越しに、その様子を見ていた。

バスが曲がり角を曲がったその時。

先頭で走っていた男子中学生がコケて、右腕を目いっぱい伸ばしながら、「行かないで〜！」と今にも聞こえてきそうなジェスチャーをしていた。

これまた感動するクラスメイトたち。

日本に帰国してから同じ朝鮮学校出身の先輩にこの話をすると、

「俺のときもまったく同じことあったわ」

もし北朝鮮アカデミー賞があるとすれば、彼は間違いなく主演男優賞にノミネートされていることだろう。

北朝鮮の中学生と思って接していたが、もしかすると**将来有望な天才子役集団**だったのかもしれない。

バスの運転手の親切は、北朝鮮の優しさ!?

僕の学年は３クラスあったので、バスは３台用意されていた。

クラスごとにバスに乗り観光地を回ったのだが、僕のクラスには生まれつき足が不自由な女子生徒がいた。

日本のバスよりもかなり乗り込む際の段差が高く、彼女は乗るのに苦労していた。

それを見かねたバスの運転手の男性が後日、彼女が乗りやすいように台を作ってくれたのだ。

１日中観光し、ホテルで恒例の夜のディスカッションが行われた。

先生が開口一番、例の台の話から切り出した。

「今日バスの運転手さんが〇〇（同級生の名前）のために台を用意してくださいました。これがオモニチョグッ（お母さんのようにあたたかい祖国）の愛です」

――いや、あのおっさんが優しかっただけやろ！

僕は心の中でツッコんだ。

なぜあの運転手さん１人の優しさが〝北朝鮮全土の優しさ〟に直結するのだろうか？

因果関係がまったく理解できない。

修学旅行中は終始、ポジティブツアーが行われていた。

先生たちはとにかく褒める。

今、北朝鮮にいる先生にとってネガティブな発言はご法度だった。

なので、何か褒められる事象を見つけ次第、北朝鮮を引っくるめて褒めていたのだ。

逆に言えば、ネガティブなことからは目を背け、ポジティブなことだけを引っ提げ全体を褒める。


思い返せばこれは朝鮮学校の常套手段だった。


中学3年生の頃、朝鮮高校のオープンスクールが行われた。

もちろん強制参加で……。

朝鮮学校の中学から高校に上がるタイミングで日本の高校に進学する子が増える。

それを阻止したくてオープンスクールを開催したのだと思っている。

補助金も年々打ち切られ、高校無償化も適用されていない。

１人でも多くの学生に入学してもらい、学費をいただきたいはずだ（あくまで一個人の考えだ）。

オープンスクールで朝鮮学校の先生が言った。

「朝鮮学校は良いところです。日本の高校と何ら変わりありません。はい、みなさんスクリーンを見てください。この子は○年前に朝鮮高校を卒業した子です。この子は現役で国公立の大学に合格しました。すごいでしょ？

そしてこの子。この子も朝鮮高校の卒業生です。この子も現役で国公立の大学に合格しました。すごいでしょ？

最後はこの子。これは運動会の写真です。しかも高３のときです。高３の運動会でこんなに声を出して頑張って、勉強も部活も一生懸命頑張って、現役で国公立の大学に合格しました。すごいでしょ？

偏差値の高い日本の大学に進学したくて日本の高校に行きたがる子が多いと思いますが、朝鮮学校に通っても国公立の大学に進学できます。なので、みなさん、朝鮮高校に来てください」

僕は心の中でツッコんだ。

——いや、国公立の大学に現役で受かった先輩たちが自分で勉強頑張っただけやろ！

修学旅行後に朝鮮大学校進学希望者が増える恐ろしい実態

長い長い2週間の修学旅行最終日。

日本に帰国するためホテルから平壌空港までバスで向かった。

クラスごとにバスに乗車すると、3台のバスを囲うかのようにホテルの従業員さんや北朝鮮のガイドの人たちが近づいてきた。

「無事に帰るんだよ〜、元気でね〜」的なことを言いながら手を振っていた。

僕は北朝鮮に着き、即2日目で日本に帰国したいがあまり、ホテルの枕に顔をうずめ発狂していたほどホームシックになっていた。なので、一刻も早くバスを出してほしかった。

日本に帰国し水圧の強いシャワーで汗を流し、母の美味しい手料理をたらふく食べ、好きなアイドルの動画を観ようと意気込んでいたのだ。

そんな僕に嫌がらせをしているのではないかと疑うほど、バス出発前のやり取りが長かった。

もちろん僕は窓を閉めて日本帰国後の自分の姿を思い浮かべるのに耽(ふけ)っていたが、クラスメイトたちは窓を開けて身を乗り出しながら現地の人たちとの別れを惜しんでいた。

ホテルには各階に喫茶店があったのだが、よく違うクラスの友だちとそこで過ごすことが多かった。

平壌にあるホテルの喫茶店で働けるほどなので、当然のように従業員のお姉さんたちはみなさんきれいだった。

僕と彼は毎晩のように同じ階の喫茶店に行き、あるきれいなお姉さんに会っていた。

カウンター席に座りコーヒーかストロベリーフラペチーノまがいのドリンクを注文し、お姉さんとしゃべっていた。

隣のバスを見ると友人の彼が窓から身を乗り出し、喫茶店のお姉さんと熱い握手を交わしながら咽(むせ)び泣いていた。

たった2週間の仲なのに、こんなに泣ける彼に驚きを隠せなかった。

これから遠距離になるカップルでも、こんなに涙を流すことはないだろう。

車内を見渡すと「日本に帰りたくない」と言いながら涙を流す何人かの姿が見られた。僕は驚きのあまり彼らを二度見したほどだった。

僕は日本に帰りたくて泣きたかった。

少しの我慢の末、バスは出発し無事に日本に帰ることができた。

中国を経由することや飛行機の遅れもあって、朝7時頃に平壌のホテルを出発したのにもかかわらず、家に着いたのは23時30分過ぎだった。

疲弊(ひへい)し切ったユソン青年は泥のように寝た……。

次の日は平日で登校日だったが、修学旅行帰国日の翌日ということもあり、僕たちの学年は休みだった。

しっかり休んださらに次の日。久しぶりに登校した。

僕は修学旅行に行く前から日本の大学に進学すると決めていた。

もちろん帰国後も進路希望は変わらなかった。

僕と同じように日本の大学に進学したいと言っていた同級生、日本の専門学校や就職をしたいと言っていた同級生たちが口をそろえて、

「朝鮮大学校に進学します！」

と言い出したのだ。

日本の高校のほとんどが高校２年生の頃に修学旅行に行くと思う。

大学受験の勉強もあるので支障がないように高校２年生で行くのが普通だ。

朝鮮学校の高校2週間の北朝鮮修学旅行には学校の秘策があった。
そう。修学旅行の時期は、**高校3年生の6月**だったのだ。

無事に帰国できた飛行機の中。修学旅行中に付けていたあのバッジのゆくえ

北朝鮮に着いてすぐ、僕らは金日成と金正日がプリントされたバッジを渡された。
一部屋に呼び出されクラスごとに並び、1人ずつ恭しくもらっていった。
街を歩く際は絶対にこのバッジを付けないといけなかった。
2週間の修学旅行が終わり、北朝鮮の飛行機「高麗航空」に乗り北京へと向かう。
機内であのバッジのことを思い出した。
――**持って帰っていいんかな?**
おそらく持って帰ってもいい。

ただ持って帰りたくなかった。北朝鮮での悪夢のような思い出まで持って帰ってしまうような気がしたからだ。

すべて忘れ去りたかった。

もう生涯忘れられない思い出となってしまったが……。

隣（となり）に座っていたクラスメイトと2人で、どうすればこのバッジを日本に持ち込まずにすむか熟考した。

結果、「機内に置いて帰ろう」という結論に至った。

あたかも忘れたかのように……。

座席に座った際、前にある雑誌などを入れるスペースに――**山口百恵さんが引退時に舞台にマイクをそっと置いたように**――バッジを置き、無

事日本に帰国できたのだった。

これで僕の修学旅行体験記はいったん終わりにする。
再三申し上げておくが、これはあくまで僕の経験を記したにすぎない。
「一度は行ってみたい国、北朝鮮」
そんな日本の方がいれば、僕はあえて止めない。でも、僕の話で満足いただけたらもう十分な気がする。

だって、僕が見た北朝鮮も本当の国の姿ではないのだから……。

コラム
握手会

僕は無類のアイドル好きだ。

中学生の頃にアイドルを好きになって以来、数え切れないほど握手会に参加してきた。

握手会では、自分が推しているメンバー（通称：推しメン）と握手をしながら会話ができる。

CDに封入されている握手券を持参すれば、誰でも参加可能である。

中学時代はお金がなかったのでCDの購入がひと苦労だった。

母がお弁当を作れない日にお昼代として500円をもらっていたのだが、コンビニの100円のおにぎり2つでお昼をすませ、残りの300円をコツコツ貯めていた。

これを数回行えばCDを1枚購入することができた。

推しメンに会うためなら空腹も苦ではなかった。

なんとか捻出したお金でCDを購入し握手会に参加するのだが、推しメンを目の前にしてひと言も発することができなかった。

目を見て話せないほど推しメンは可愛い。

小さい頃からきれいな女性との話は緊張する。目を見て話すことができない。

そんなかかしのような僕にも推しメンは優しく接してくれた。

中学時代のウブな僕が、

——えっ？　推しメン俺のこと好きなんちゃうん？

と勘違いするほど優しかった。

握手会に行く前は緊張するが、いざ行ってみると楽しさが凌駕するので、今でも足を運んでいる。


ただ、この緊張はどうにかならないものか。

ライブならアイドルと距離があるので緊張せずにすむが、握手会は至近距離で目を合わせて話をしなければならないので、とてつもなく緊張する。

「では、握手会に行かなければいいではないか」

そう言われることもあるのだが、至近距離で推しメンを拝みたいという気持ちはあるので参加しているのだ。

矛盾が生んだアイドルオタクだ。

握手会に行く日は、会場へと向かう電車の中でもすでに緊張している。

会場にはいつも早く到着するのだが、緊張をまぎらわすために会場周辺を徘徊(はいかい)する。そして、時間がきたら推しメンのレーンに並ぶ。

もちろん並んでいる際も緊張している。

自分の番が近づくに連れて心拍数が上がっていくのがわかる。


そんな僕は、長年の時を経て緊張を少しばかり抑える方法を編み出した。

――何で金払ってんのに、こっちが緊張せなあかんねん！

と、くどいほど自分に言い聞かせるというものだ。

関西人特有の「元を取る」精神を極限まで研(と)ぎ澄ませる。

この方法を取ると、心なしか会話をすることができるようになる気がする。

しかし、多少緊張は残るので推しメンの目を直視することはできない。

この話を女性の友だちの目を〝直視しながら〟話したことがある。

第4章

朝鮮学校で駆け抜けた〝青春〟

高校無償化問題の奥底に隠された真実

学費がめちゃくちゃ高い朝鮮学校への高校無償化“強制ビラ配り”

朝鮮学校は高校無償化が適用されておらず、補助金も年々減少しているので学費が高い。

なので、高校生の頃によく駅前で朝鮮学校への無償化適用に向けた署名活動とビラ配りをさせられていた。

もちろん任意ではなく強制だ。

何があっても絶対に参加しなければならない。

先生から気に入られている生徒数名は、横断幕を持ちながら拡声器で通行人に訴えかけていた。僕のような先生方から気に入られていない生徒たちは、ひたすら通行人に声をかけるという役割をさせられていた。

ほぼ営業……。

僕はけっこう人見知りなので、通行人の人たちに声をかけるのがかなりきつかった。それでも先生たちから「もっと積極的に声をかけなさい」とハッパをかけられ無理して声をかけていた。

通行人の人たちは心優しく、ビラをもらってくれたり、署名してくれる人もいた。もちろん無視する人も多かったが、そのたびに精神的苦痛を味わった。

――やはり営業ってつらい……。

それでも僕はビラを配り続け、署名を求め続けた。なぜなら父と母が毎日朝早くから夜遅くまで仕事をしている姿を見ていたからだ。

高校無償化が適用され、父と母の負担が少しでも軽減されればいいと思っていた。

当時の僕にできることはこれしかなかった。

でも内心、無償化なんて絶対に適用されないだろうと思っていた。

子どもたちをだしに使ってこんなことをするよりも、ほぼ全員が日本の教員免許を有していない朝鮮学校の先生が、教員免許取得に向けた勉強を行ったほうが可能性があるだろう。ほかにも問題は山積みだ。

――これって、無理ゲーやん！

そう思いながらビラを配っていたのだ。

いつも通りビラ配りと署名活動をさせられていた冬のある日。

その日は大雨だった。アーケードで雨をしのごうとするが、横殴りの雨。全身濡れていたが、かじかんだ手でビラだけはなんとか濡れないようにしていた。

心優しい通行人の人がビラを受け取ってくれた。

でも、その人はしばらく歩き出し、僕たちからはもう見えていないと思ったのかビラを道端に捨てた。

インクがにじむほど濡れるビラ。

悲しかった。

それでも父と母のためにビラを配り続けた。

僕たち生徒には「もっと積極的に声をかけなさい」と言っていた朝鮮学校の先生は、積極的にビラを配っていないように僕の目には映った。

どうも朝鮮学校の先生の子どもは、朝鮮総連から学費が援助されるそうなのだから……。

朝鮮総連・学校関係者の子どもは学費が援助される

朝鮮学校の先生の子どもや朝鮮総連の専従職員の子どもたちは、朝鮮総連から教育費という名目で毎月学費が援助されるそうだ。

これは朝鮮学校に通っていた頃から有名な話で、何かと記事でも拝見したことがあるし、朝鮮学校の元教員と名乗る人も、僕のユーチューブのコメント欄にそのことを書き込んでくれた。

僕の家は朝鮮総連系ではない。なので毎月全額、高い学費を払っていた。

これは噂で聞いたのだが、高い学費をなかなか払うことができない親御さんが数カ月滞納すると、教育会から「次の月払わないと進級させません！」と言われたそうだ。

僕はその話を聞き、

「電気代やん！」

と、思わずツッコんでしまった。

父と母は毎日朝早くから夜遅くまで働いて学費を全額払っていたというのに、朝鮮学校の先生の子どもや朝鮮総連の専従職員の子どもは学費が援助されていたと考えると、今でも許せないし腑に落ちない。

先生たちはよく日本政府に対して、

「朝鮮学校だけ無償化の適用から除外するのは差別だ！」と言っていた。

僕からすれば、

「朝鮮総連系の家じゃない子の親御さんたちだけ高い学費を払わなければな

らないのは差別だ！」と言いたい。

もしあのとき、朝鮮総連系の家庭だけ優遇されている状況のまま高校無償化が適用されていたとすれば、浮いたお金はどこに流れていたのだろうか？

親友がツイッターで橋下徹さんとやり合ったという話

僕が高校3年のとき、当時大阪府知事をされていた橋下徹さんがツイッター（現在は「X」）で教育についてのツイートをしていた。

そして、そのツイートに僕の親友がコメントを送ったことから、事件のような展開になったことがある。

僕の親友は、橋本さんのツイッターに、

「○○朝鮮高級学校3年です。学校の中になんで朝鮮学校が含まれないんですか？　朝鮮学校に通う子どもたちがなんか罪でも犯したんですか？」と。

朝鮮学校に通う高校生の純粋な疑問だ。

これに対し、橋下さんは丁寧に返信してくれたのだ。

橋下さんが、朝鮮学校無償化に対して考えてほしいと言った4つのルールがあった。その4つの要件とは、

1．朝鮮総連と一線を画すこと
2．北朝鮮指導者の肖像画を教室から外すこと
3．日本の学習指導要領に準じた教育活動を行うこと
4．学校の財務状況を一般公開すること

橋下さんは、この4つをツイッター上に記したうえで、
「このルール4要件を守ってもらえれば補助金を交付します」
と親友に返信してくれた。それに対して彼は、肖像画を外すことはできないとし、
朝鮮学校に肖像画が掲げられている理由をさらに返信した。

橋下さんは「高校生でそこまでしっかりと考えているというのは立派ですよ」と、彼を褒めてくれたのだ。

こうして親友と橋下さんとのやり取りが続いたのだが、その最中に心ない日本人が親友に誹謗中傷を送ってきた。

そうした人たちに橋下さんは、**「ちゃんと意見しろ。情けない。お前こそ日本人をやめろ」**とまで言ってくれていた。

朝鮮学校の高校3年生と名乗り、しっかり意見を述べる親友に対して、「橋下さん、騙されないでください。この子、高校生じゃないですよ」的なツイートもあった。あまりにもしっかりとした意見を述べるので、なりすましだと思ったのだろう。

でも、あのアカウントは本当にれっきとした高校3年生、僕の親友のものだ。

ゴーストライターではないし、ましてや総連系がなりすましたものでもないことは言っておこう。

橋下さんは彼に、こう助言もしてくれた。

「朝鮮学校で学ぶことだけがすべてではない。子どもたちや北朝鮮国民に罪はない。国の権力者が問題だ」

この一連のやり取りは夜遅くだったようで、僕は朝起きてそのツイッターを見て驚いた。

知り合いのバズりを見るのは初めてだった。

学校に着き、親友にこの話を聞くと、橋下さんとのやり取りということもあって徹夜で返信を考えたそうだ。

その日、朝すぐに体育館に全校生徒が集めさせられた。

先生が生徒たちに向かって開口一番、「話があります」と切り出してきた。

生徒たちは出席番号順に、パイプ椅子を並べて座っていたのだが、僕の隣の隣の席が親友だった。彼は僕たちにしか聞こえない声でつぶやいた。

「絶対、俺の話や」

予感は的中した。

「昨日、橋下徹さんとツイッター上でやり取りをした学生がいます。そういうことは絶対にしないように。あと、ツイッターを本名でしないように。もしするのであれば偽名でするように……」

――いや、なんでやねん！

――偽名なら、ええんかい!!

そもそも親友は橋下さんに純粋な疑問を送っただけだ。別に喧嘩腰でも何でもない。

先生はツイッターのやり取りが、あたかも悪いことをしたかのように言っていた。ツイッターをするのは個人の自由だ！

みなが朝鮮学校の先生の言うことを聞き、ツイッターを削除したとすれば、イーロン・マスク氏も驚くことだろう。

教室に戻った後も担任の先生は、親友にそんなことはするなと言った。

結局、彼はツイッターをやめるようながされ、アカウントを削除させられたのだった。

ついに朝鮮総連のお偉いさんが登場。そこで放ったひと言

親友のツイッター事件からしばらく経ったある日。
朝鮮総連のお偉いさんの話を聞くために、3年生の全員が多目的室に呼び出された。
生徒たちはパイプ椅子に座り、先生たちは後ろで立って話を聞いていた。
朝鮮総連のお偉いさんは話の途中で、
「そういえばこの学年やろ？　橋下さんとやり取りした子がいるの？」
と、後ろに立っている先生たちに聞いてきた。先生たちは、「はい！　そうです！」

と、朝鮮総連のお偉いさんなので終始媚びへつらっていた。

するＰ親友が「はい。私です」と、以前先生から注意されたこともあり、控えめな挙手をした。

朝鮮総連のお偉いさんは彼を見ながらこう言った。


「感動した！　素晴らしい！　高校生でこんなしっかり意見を言えるのはすごい！」


大絶賛だった。

その日以降、朝鮮学校の先生たちは手のひらを返したかのように親友に何も言わなくなったのだ。

後日、親友はツイッターを再開した。

橋下さんがおっしゃっていた４要件のうちの１つ、

「朝鮮総連と一線を画すこと」

これは、これからも実現しそうにない。

僕が考える、朝鮮学校無償化がムリな理由

いまだ朝鮮学校は無償化が適用されていない。

無償化除外は妥当だと思うし、現状のままだと無償化は適用すべきではないと僕は思っている。

子どもたちの学ぶ権利は必ず保障されないといけないが、朝鮮学校にお金を渡すことだけで子どもの学ぶ権利は保障されないからだ。

まずは、朝鮮学校の教育内容や運営実態の抜本的な見直しが必要不可欠だ。

僕たちは民族教育と称して、北朝鮮や金正恩の個人崇拝につながりかねないような教育を受けてきた。

民族教育は自国の言語や文化、歴史を学ぶだけで事足りる。**金日成と金正日の肖像画を教室に掲げなくていいし、修学旅行で北朝鮮に行く必要もない。**

そもそも朝鮮語を教わっていたが、12年も習ったのにネイティブにはなれなかった

し、朝鮮学校の先生はほぼ全員、日本の教員免許を持っていない。いずれにしてもどっちつかずの教育だ。

しかも、財政面での透明性はカケラもなく、教育会元幹部の人が朝鮮学校への自治体からの補助金を朝鮮総連の流用に関わったと証言されていたりと問題は山積みだ。

これは明らかに、朝鮮学校が朝鮮総連の完全な支配下にある証拠だ。そして、その朝鮮総連は北朝鮮と密接な関係にある。

「子どもたちの学ぶ権利を保障すべき」と朝鮮学校側は言っている。

でも、日本政府にお金を要求する前に、まずは自分たちが変わるべきだ。

真の子どもの学ぶ権利の保障は、朝鮮学校の教育内容や運営実態の見直しにあると思っている。

自国の言語や文化、歴史を学ぶという民族教育の基本は踏襲しつつ、日本の教員免許を全教諭が取得する。ネイティブレベルの朝鮮語教育が行われてもいい。ただし、北朝鮮や金正恩の個人崇拝につながりかねないような教育から脱却し、全国の朝鮮学校から肖像画を外す。財務状況を一般公開し、朝鮮総連と一線を画す。そうしたうえで、子どもたちの学ぶ権利は保障されると考えている。
そうすれば、日本政府からお金をいただけるかもしれない。

僕からすると、現在の朝鮮学校はスタートラインにすら立てていない。審査対象になるために、まずは教育内容と運営実態を見直すのが急務だ。

僕が通っていた当時も、もちろん無償化は適用されていなかったので、毎月高い学費を払っていた。

学費を捻出するために、毎日朝早くから夜遅くまで仕事をしていた父と母の姿を見ていたので無償化になってほしいと思っていた。

だから、朝鮮学校時代の思い出をつづったこの本はなんとしても売れてほしいのだ。

莫大（ばくだい）な印税を手に入れ、さかのぼって、僕1人だけでも無償化を適用しようと思っている。

コラム

よそ行きのアクアパッツァ

料理上手な女性は魅力的だ。

冷蔵庫に余っている食材だけでパパッと何品か作ったり、食べたいものをリクエストされた際に瞬時にレシピなしで作れる人は料理上手だと思う。

そんな中、「特技は料理です！」等と、ホラを吹くエセ料理上手な女性がＳＮＳ上にはびこっている。

彼女たちはベタな料理をあまり作りたがらない。

料理上手だと世間に知らしめるため、あえてエッジの効いた料理を作りたがる。

その代表格が〝アクアパッツァ〟だ。

僕は彼女たちがアクアパッツァを即興で作ったとは思えない。小娘が気まぐれで作れる料理ではないし、アクアパッツァに必要な食材が冷蔵庫の中に偶然すべて余っていたとは到底考えられないからだ。

そして何より、あさりの砂抜きをしなければならない。

前日から気持ちを作っておかなければいけない料理だ。

アクアパッツァを作ろうと思った日に彼氏から、

「今日、ハンバーグ食べたいな〜」

などと言われても、お構いなしにアクアパッツァを作るはずだ。

彼女たちの脳内のお品書きには〝アクアパッツァの一品〟しか記載されていない。

サイドメニューなしのアクアパッツァ専門店である。

ハンバーグを食べたい彼氏の思いは届かぬまま、アクアパッツァはドヤ顔とともにテーブルへと運ばれる。

あさりだけに、開いた口がふさがらない。

そして作ったアクアパッツァはすかさずＳＮＳに投稿される。

料理上手な女性であると世間から思われたい〝承認欲求〟のためだけに作る。

彼氏のためではなく、フォロワーのためだけに作る。

誠に勝手ながら、このようにして作り上げられたアクアパッツァのことを、僕は「よそ行きのアクアパッツァ」と呼ばせていただいている。

納豆を小鉢に移し替えたり、梅干し一粒を小皿に移し替えたりしてＳＮＳに投稿した場合も「よそ行きの納豆」「よそ行きの梅干し」と化す。

栄養学をかじったアスリート妻の常套手段である。

アクアパッツァはかろうじて自分で作っているが、納豆や梅干しは市販の物を買ってきてただ移し替えているだけだ。

もはや手料理でもない。

普段はパックに入ったまま納豆を食べるだろうし、梅干しも白米の上に直接乗せていることだろう。

料理上手と豪語している彼女たちだが、レシピを見ながら料理を作っていたとすれば大問題である。

レシピを見ながらでいいのであれば僕だって作れる。

マニュアル通りこなせばいいだけの話だ。

誰もが舌鼓(したつづみ)を打つような料理を作ったところで、料理レシピアプリの手柄だ。

そういう方々は時間があろうがなかろうが、レシピがなければ何も作ることができない。料理本や電子機器を没収し、外界との接触を避け、料理を作ってもらうようお願いした場合、ぐうの音も出ないだろう。

今までの威勢はどこかへ消え、借りてきた猫のようにおとなしくなり、ただただキッチンに立ち尽くしながらネイルをながめている姿が目に見える。

このコラムを書き終わるのに僕は数日を要した。

第5章

暴露ではない。小中高12年間で感じた〝疑問〟の数々

日本人が疑問に思う朝鮮学校のアレコレ

〝アレ〟が発射されると集団登下校になるのに批判はしない

朝鮮学校では、北朝鮮で〝アレ〟が発射されると集団登下校が義務づけられていた。

僕が北から干されないように、阪神タイガースの優勝の隠語のように表現させていただく。

阪神タイガースがアレすると、道頓堀川（どうとんぼりがわ）に飛び込もうとする人に警察官が警鐘を鳴らすが、北朝鮮がアレを発射すると日本海に〝アレ〟が落ちてJアラートが鳴る。

朝鮮学校の先生たちは〝アレ〟のことを「人工衛星」と言っていた。

「日本のマスコミやニュースはウソをついている。あれは人工衛星だ」

まだ子どもで朝鮮学校の世界しか知らなかった時代は、僕を含めクラスメイトら全員が先生の発言を信じていた。

誰も北朝鮮の〝アレ〟を批判することなく、みんなで帰っていただけだった。

むろん成長していくにつれ、〝アレ〟が人工衛星ではないと気づき始めた。

毎回決まって日本海に落ちる。

アホでもわかるだろう。

人工衛星だとするとあまりにも失敗しすぎているのだから……。

朝鮮学校の先生はやはり〝反日〟なのか？

よく「反日感情はありますか？」というご質問をいただく。

先に言っておくと、僕を含め朝鮮学校出身者のほぼ全員が反日感情を持っていない。

みんな日本が大好きだが、ごく一部反日感情を持った先生もいる。

朝鮮学校で先生たちがよく歌っていた曲がある。

『子どもたちよ、これが朝鮮学校だ』

というタイトルの曲だ。

朝鮮語の曲なのでもちろん歌詞は朝鮮語だ。

しかし、最後の1行だけが日本語の歌詞になっている。

その歌詞が「日本の学校より良いです」なのだ。

「日本の学校も良いけど朝鮮学校も良いよね」ならまだしも、

「日本の学校より良いです」

と断言されていた。この曲をよく歌っていた先生たちは、朝鮮学校の幼稚斑（幼稚園）から朝鮮大学校（大学）まで通い教鞭（きょうべん）をとっている人たちだ。

日本の学校や日本社会に一度も触れたことがないのにもかかわらず、何の根拠もなく学校に優劣をつけていた。

朝鮮学校は小学4年生から部活が始まる。

僕が通っていた朝鮮学校は、男子は何があっても絶対にサッカー部に入らなければならなかった。

強制入部だ。

全国の朝鮮学校のサッカー部が一堂に会して優勝を決める「中央蹴球大会」という大会があった。

この大会は泊まりで行われる。

その日の夜、サッカー部のみんなでテレビを観ていた。

「クイズ！ヘキサゴン‼」という番組を観ていると、ちょうどアラジンさん（羞恥心さん＋Paboさんの番組から生まれたユニット）が『陽は、また昇る』を歌っていた。

僕らも「頑張れ日本！　凄(すご)いぞ日本！」というサビの部分をみんなで歌っていた。

次の日の朝。

バスで会場に向かう際、「頑張れ日本！　すごいぞ日本！」と口ずさんでいる僕を見て朝鮮学校の先生が形相(ぎょうそう)を変えて注意してきた。

「こらお前！」

朝鮮学校は日本語の授業中以外は朝鮮語で話さないといけないというルールがあるので、日本語を使ったことで怒られたと思い、「すみません（朝鮮語で）」と言うと、

「なに日本応援しとんねん！　頑張れ朝鮮って言え！」

朝鮮語で話さなかったことではなく、日本を応援していたことに先生は腹が立っていたのだ。

その後みんなで、「頑張れ朝鮮！」と歌いながらバスで会場まで向かったのは言うまでもない。

この大会は泊まりで、親がいない環境でも寝られるようになるための練習として、大会前に朝鮮総連の支部で泊まるのが毎年恒例だった。

その日の夜、朝鮮総連の支部で、僕らはサッカー日本代表の親善試合を観ていた。

すると、朝鮮総連の専従職員の１人が僕たちの部屋に入って来て、

「今、日本代表が試合していますが、どっちを応援する？」

小学生である部員数名が、すかさず言った。

「〇〇！（日本ではないほうのチーム）」

「よしよし。そうしたら、日本とウリナラ（北朝鮮）が試合していたらどっちを応援する？」

「ウリナラ！」

「よしよし。では日本対アルゼンチンはどっちを応援する？」

「アルゼンチン！」

「よしよし」

ご満悦の専従職員は部屋から出て行った。

こういった教育をする人もいるが、僕を含め朝鮮学校の生徒や卒業生のほ

全国の朝鮮学校の小学校が集まるサッカー大会で、PKのキッカーを任された小6の僕

とんどがサッカー日本代表のことを応援しているし、好きなのだ。

サッカー部に入った当初、僕は日本代表の青色のタオルを使用していた。

それを見た朝鮮学校の先生から、「なに日本代表のタオル使ってんねん！」と、その日を境にそのタオルを朝鮮学校に持っていけなくなった。

高校もサッカー部に所属していたのだが、練習着は自由だった。

なにを着てもよかったのだが、日本代表のユニフォームだけは着用禁止だった。

僕は遠藤保仁選手のことを尊敬している。

でも、「日本代表の遠藤選手のユニフォーム」を着ることは許されなかったので、「ガンバ大阪のユニフォーム」を着て練習に励んでいた。

本田圭佑選手のことを尊敬している後輩がいた。

彼は本田圭佑選手の名前と背番号がプリントされた日本代表のユニフォームを着用していた。

でも、それが先生にバレると怒られる。なので、彼はバレないように長袖の練習着を上から着ていた。

後に、汗で透けたユニフォームが見つかって先生にバレた。

「なにを着ても良いけど、日本代表のユニフォームだけは許せへんねん」

そして、その日を境に彼も日本代表のユニフォームを着られなくなった。

日本代表のユニフォームを着用してはいけない理由。

「日本は昔朝鮮を植民地にした。そんな日本のユニフォームを着るな」

これが先生の言い分だ。

朝鮮学校は高校無償化が適用されておらず、補助金も年々カットや打ち切りになっている。先生たちはよく、「子どもたちの学ぶ権利と政治外交上の問題を混同してはいけない」と口々に言う。

そんな先生が「日本は昔、朝鮮を植民地にした。そんな日本のユニフォームを着るな」と言う。

完全にスポーツと政治外交上の問題が"混同"されていた。

日本にはモノ言うが〝北朝鮮にはモノを言わない〟先生たちの心の中

朝鮮学校の先生方は日本政府に、「高校無償化適用除外は差別だ！」とよく言っていた。

日本にはよく発言していたが、北朝鮮には何も言わなかった。

「北朝鮮は素晴らしい国です」

「社会主義国家は素晴らしい」

「北朝鮮国民はみな、やりがいを持って国から与えられた仕事をしています」

——一度も北朝鮮に住んだことがないのに……。

——なぜそんなことがわかるのだろうか？

とにかく北朝鮮についてポジティブな発言はするが、ネガティブな発言はタブーだった。

日本のニュースで北朝鮮について報道があっても見て見ぬふりをしていた。何ごともなかったかのように教鞭（きょうべん）をとっていた。僕はそうした姿に何か後ろめたさでもあるのではないかと思っていた。

一度、テレビで報道されている北朝鮮のネガティブなニュースについて、あるクラスメイトの１人が先生に質問したことがある。

「○○って本当ですか？」

すると先生は、

「北朝鮮を悪く言って数字を取っている」

と、まさかの〝視聴率を取るためのニュース〟と言ってのけるのだ。

――一度も北朝鮮に住んだことがないのに……。

――なぜそんなことがわかるのだろうか？

朝鮮学校の先生たちの胸中はいまだにわからない。

なぜなら〝**北朝鮮国民**〟のように本音を聞かせてくれなかったから。

朝鮮学校では〝南北統一〟はどう教わるのか？

朝鮮学校では南北が統一すべきだと教わった。

僕が学校に通っていた頃は、少なくとも皆朝鮮半島の統一を願っていた。

なぜなら、朝鮮学校に通っていた在日コリアンは朝鮮半島を祖国と思っているからだ。

朝鮮学校に通っている生徒のほとんどは韓国が故郷だ。実は韓国籍の子のほうが多い。それなのに北朝鮮を支持している朝鮮学校に通っていた。

先生たちは口を開けば「平和統一！」と唱えていた。

小学6年生のとき、お昼に教室で弁当を食べているときによく流れていた朝鮮語の曲がある。

歌詞を日本語訳すると、

「我が民族同士力を合わせ、私たちで統一しましょう」

それくらい、とにかく統一を願っていたのだ。

高校の運動会で、水色で朝鮮半島が描かれた大きい布を全校生徒２００人くらいで、下に潜り込んで両手で持ち、立ったり座ったりしてウェーブを作るといった演目があった。

これがかなりしんどい。

全身が痛くなる演目だった。

これは朝鮮半島の統一を願う演目だったと僕は思っている。

しかし現在、北朝鮮と韓国の関係はかなり悪い。

敵国扱いしている。

以前は「南朝鮮」と呼んでいたが、現在はその呼称は禁じられているらしい。別の国家とみなしていると僕は解釈している。

朝鮮学校に通っていた頃も、両国の関係が悪化したり少し和らいだりすることがあった。それでも、そんなのお構いなしにみな、**「平和統一！　平和統一！」**と願っていた。

僕は北朝鮮を支持している朝鮮学校に通っていたが、朝鮮学校は朝鮮総連という団体の傘下にある。それとは別に、韓国を支持している民団という団体が日本にはある。

民団系の韓国学校も存在する。夏の甲子園で優勝した京都国際高校は民団系の学校で、朝鮮学校とは別のものだ。

朝鮮半島のみならず、朝鮮総連と民団と区別なく、コリアンとして日本国内でも考えが分断している。**朝鮮半島統一は、みな意見が分かれている。**

SNSで拝見したことがあるが、朝鮮総連の支部主催で朝鮮学校出身者たちが朝鮮学校に集(つど)い焼き肉大会を行っていた。

その記念写真を見たのだが、何やら横断幕を持っていた。

そこに書かれていたのは、

「祖国統一に向けた焼き肉大会」という文字。

――いや、肉焼いて食うてるだけやん！

彼らが肉を頬張(ほおば)ったところで祖国の統一にはつながらない。

北朝鮮と韓国の関係の悪化など顧みず、「平和統一！　平和統一！」と言っているのだろう。

"平和ボケ"もほどほどにしていただきたい。

朝鮮学校では"アメリカのこと"はどう教わるのか？

もともと北朝鮮とアメリカは仲が悪いので、朝鮮学校ではアメリカについてポジティブには教わらなかった。

よく先生は「日本はアメリカの言いなり」と言っていた。

僕からすると朝鮮学校は朝鮮総連や北朝鮮の言いなりだが（一個人の意見）。

一応、授業でアメリカについて教わり「将来アメリカに行ってみたいな～」などと思ったが、高校の修学旅行先が北朝鮮で北朝鮮への渡航歴があるとアメリカに行けない可能性があるらしい。

僕の周りの朝鮮学校出身者の中にはアメリカに留学できた子とできなかった子がいる。

大学時代の後輩は国籍が朝鮮だったのでビザが下りなかった。

はたして、僕はアメリカに行けるだろうか。

僕は大学生の頃に朝鮮国籍から韓国国籍に変えている。

朝鮮学校出身で、北朝鮮に行ったという事実はあるが、北朝鮮に行ったのは修学旅行の一環だし、北朝鮮に家族や親戚はいない。

しかも、こんな本を書いているのだから、アメリカは大歓迎で迎えてくれると思う。

その前に、この本がアメリカで翻訳されるようなことがあれば、〝**本当のVIP待遇**〟を受けられることも夢ではないかもしれない。

朝鮮学校はスパイ養成所!?　これも僕なりの持論です

某ラジオ番組に出演した方が、

「朝鮮学校はスパイ養成所的なところもあった」

という発言をし、物議をかもしていた。

小中高12年間朝鮮学校に通っていた僕が、日本の大学に通っていた頃から提唱し続けている持論がある。


朝鮮学校は「バケモノ養成所論」だ。


あくまで一個人の持論だということを冒頭でお伝えさせていただきたい。

バケモノは大きく3類型に分類される。

まず1種類目は「赤いバケモノ」が存在する。

「赤い」というのは朝鮮学校や朝鮮総連、北朝鮮や在日同胞社会のことをこよなく愛し、そのコミュニティーの中で生き続けていく人たちのことを指す。

朝鮮学校の先生や朝鮮総連の幹部が最たる例だ。

第1章で、高校で2年生になると「学習班」というものが始まるということをお伝えした。ここに参加する生徒は月に一度、学校に泊まり朝鮮学校や朝鮮総連、北朝鮮や在日同胞社会について夜遅くまで先生たちと語り尽くす。

そして、赤い考えを徹底的に叩き込まれる。

そうしてでき上がった赤い子たちは、〝赤ければ良いのだ〟という思考にいたり、赤に磨きをかける。

かくして「赤いバケモノ」が誕生する。

そして2種類目、「自称モテバケモノ」が存在する。

朝鮮学校は日本の学校に比べ生徒数がかなり少ない。

そんな狭いコミュニティーの中でもヒエラルキーが存在した。

学校では「かっこいい&かわいいレベル」の男子と女子がもてはやされ、日本社会でも朝鮮学校での立ち位置だと勘違いする。

僕の高校にも、〝かっこかわいい男子学生〟をこよなく愛する女性の先生がいた。

彼女は自身が担当している学年の中で推しの男子生徒を３人ほど見つけ、彼らの写真を撮りＬＩＮＥのトプ画（トップ画面）にしていた。

堂々と依怙贔屓が行われていたのでみんな、その異常さに気づいていなかった。

当然、僕は推されていなかった。

推されたいと思ったことはないが、朝鮮学校の中での「かっこいい＆かわいいレベル」の彼ら彼女らが狭いコミュニティーで優越感に浸りながら学生生活を過ごしていることには違和感があった。

彼ら彼女らは〝かっこよければいいんだ〟〝かわいければいいんだ〟と勘違いに拍車がかかる。

かくして「自称モテバケモノ」が誕生する。

最後に、この2つに該当せず、先生から相手にされず常に斜に構えながら学生生活を過ごす**「パクユソン」というとんでもないバケモノ**が誕生した。

よって僕は、朝鮮学校はスパイ養成所ではなく「バケモノ養成所」だと考える。

現在、僕は日本のみなさんが知りたくても知ることができない朝鮮学校の内情を自身の実体験をもとにお伝えさせていただいている。

もしかすると、僕は日本のみなさんに朝鮮学校についてお話しするために小中高12年間、朝鮮学校に潜入調査を行った〝スパイ〟なのかもしれない。

なぜ朝鮮学校出身の親は子どもを朝鮮学校に通わせたいのか

僕の父と母も朝鮮学校出身だ。

僕は日本の保育園に通っていたが、小学1年生から朝鮮学校に通うことになった。

なぜ朝鮮学校に通わせたのかを親に聞くと、自分たちが通った朝鮮学校に子どもを通わせたかったのと、自国の言語や文化や歴史を学んでほしかったからだと言っていた。

親も朝鮮学校しか通ったことがなく、日本の学校を知らないということも理由だろう。

ほかのご家庭がどのような理由で朝鮮学校に子どもを通わせたのかはわからないが、僕の親はこういった理由だった。

僕はまだ結婚していないし子どももいないが、将来子どもを朝鮮学校には絶対に通わせない。

北朝鮮を賛美したり、金正恩の個人崇拝につながりかねないような教育を愛する我が子にさせたくない。クラスや学校の委員が世襲制で決まるような、努力が報われない環境下で育ってほしくない。

これに尽きるが、なにせ北朝鮮を支持しているような学校だ。

将来子どもがどの学校に通うかはわからないが、朝鮮学校にだけは通わせないことは断言できる。

実際に、子どもを朝鮮学校に通わせない朝鮮学校出身者は年々増えている。

それにともない生徒数は減少し、朝鮮学校は廃校の一途をたどっている。

この事実がすべてを物語っているのではないだろうか。

もちろん少子化や補助金の打ち切りなども要因だとは思うが、生徒数の減少が顕著だ。特に中学から高校に上がるタイミングで日本の高校に進学する子どもは多い。

日本の偏差値の高い大学に通いたいからという理由もあるが、朝鮮学校の教育内容に耐えきれず日本の高校に進学した子もいる。

朝鮮学校側は、先生総出で全力でこれを阻止しようとしてきた。

僕の時代も日本の高校に進学するために受験勉強に励んでいた同級生は、毎日のように先生に個別に呼び出され朝鮮高校への進学を勧められていた。

同級生から聞いたところによると、先生に個別に呼び出された際、

「お前、日本の高校に落ちても朝鮮高校に入れさせへんからな」

と脅されたそうだ（**受験すれば合格なのに**）。

幸い日本の高校受験をした同級生たちは全員、見事志望校に合格し、日本の高校に通うことに成功した。

北朝鮮国内のみならず、日本国内でも〝脱北〟が盛んに行われていたのだ。

朝鮮学校卒業後も続く先輩後輩の上下関係

朝鮮学校での理不尽な上下関係になんとか耐え日本の大学に進学した僕だったが、日本の大学でも朝鮮学校出身の先輩との上下関係は続いた。

大学2回生の春、朝鮮学校の中学と高校が同じで、大学の学部も学科も同じ先輩から急に連絡がきた。

「ユソン、久しぶり。俺大手企業の内定はもらえてるねんけど、単位が足りてなくて卒業できるかあやしいねん。助けてくれへん？　春学期どの授業履修してる？」

正直、その先輩からの連絡はかなり嫌だった。しかも、その先輩とはまったく仲が良くない。

しかし、どの授業を履修しているかは後々バレるので正直に言うしかない。

履修している授業を先輩に伝えると、彼はほとんど同じ授業を履修していた。

試験期間が近づくと、また連絡があった。

「ユソン、今どこにおる？」

「大学の図書館です」

すぐ先輩が図書館にやって来た。僕が挨拶をするやいなや、先輩が僕に言った。

「○○の授業のレジュメ（プリント）見せて」

僕が毎時間出席し一生懸命メモした授業のプリントを要求してきたのだ。

朝鮮学校の先輩後輩関係は厳しく、断るという選択肢は許されない。なので、泣く泣く見せるしかなかった。

先輩はすべてのプリントをスマホで撮って帰って行った。

法学部は出席点がほとんどなくレポートの授業も少ないので、試験の点数が大事になってくる。

試験前日。

一番忙しい日に先輩からＬＩＮＥが立て続けに届いた。

「明日の試験の範囲ってどこなん？　どこが重要なん？」

本当に勘弁してもらいたかった。

でも、上下関係は絶対だ。無視は許されないので返信するしかなかった。

そんな僕だって、大学はチームプレーが大切なので友人たちと情報を共有していた。この範囲が試験で出題されるだろうという友人たちとの共通認識を先輩にも伝えた。

すると、僕らが共有した部分がほぼ丸々試験で出題されたのだ。

それが功を奏し、先輩は春学期の単位をほとんど取れたらしい。

夏休みに「留学同（日本の大学や専門学校に通う在日コリアンのサークル）」の集まりがあった。

留学同に所属している在日コリアンの9割が朝鮮学校出身者だ。

その集まりに参加すると、僕をこき使った先輩もいた。

先輩は僕を含む後輩たちに、「俺大手企業の内定もらってるねん」と自慢げに話を始めた。

後輩たちは「すごいですね！」と先輩に媚びを売っていた。僕も後輩という立場上、その場をやり過ごすためにおだてた。

すると、先輩は機嫌がよくなったのか、

「俺、心理学勉強してるから面接官の目を見ただけで相手の気持ち、わかるねん。やから大手企業の内定もらえてん」


――ウソつけ！


と心の中でツッコミながら、「すごいですね！」と、これまたおだてた。

「俺、心理学勉強してるから女からモテてるねん。最近めっちゃクラブ行ってて忙しいわ」

息を吐くようにウソを言い続ける先輩。

女性からモテるはずがない。

女性のことを「女」と呼び、後輩である僕をこき使いぞんざいに扱う。

それでも僕は後輩という、在日コリアンの悪しき慣習に屈するしかなかった。

秋学期が始まる少し前に、再度先輩からＬＩＮＥが届いた。


「秋学期はどの授業履修するん？」


僕は順調に単位を取れていたので、履修する授業がかなり少なかったが、僕が伝えるとほぼすべての授業をかぶせてきたのだ。

先輩が授業に出席する日は決まって一緒に授業を受けないといけなかった。なぜなら４回生で単位がまだ足りていない人などほとんどいなかったからだ。

しかも、彼はたまにしか授業に来ないにもかかわらず、前列で受けたがるのだ。

その授業は法学部ではめずらしく、出席とレポートで評価が決まる授業だった。

レポート課題が出された際、彼は**「レポート完成したら見せてな」**とまで言ってきた。

一生懸命授業で板書したりメモをしたプリントをすべてスマホで撮られたり、試験前日にもLINEでいろいろ聞いてきたり、付きまとい、こき使ってきたにもかかわらず、レポートまで見せてほしいと言ってきたのだ。

さすがに我慢の限界だったので、はっきりと断った。

しかも、レポートを丸々コピペされると2人ともが剽窃扱いになり単位を失う。

それくらい彼もわかっているのか、

「俺のレポート、どう完成したらいいか読んでくれへん？」

――勝手に書いて提出しろや！

そう言いたいながらも、後輩の悲しさ、承諾するしかなかった。

後日、先輩がレポートを読んでほしいと見せてきた。レポートは数千字あるので正直、読むのは面倒だ。僕は適当に読んで、その〝拙いレポート〟を返した。

そして、先輩は卒業が決まった。

これで先輩から解放されると思いきやそうではなかった。

「1年間世話になったから飯連れて行ったるわ。俺の最寄り駅に行きつけの焼き鳥屋があるから来いや」

——**おい！　来さすんや……。**

これだけこき使ったのであれば、後輩の最寄り駅に来るのが筋だろう。

僕はその最寄り駅まで〝自腹で〟向かった。

焼き鳥屋でひたすら彼の自慢話と心理学の話を聞かされたが、さらに僕に講釈を垂(た)れ始めた。

「出川哲朗が、なんでレギュラー番組ないのに芸能界の第一線で活躍しているか知ってるか？」

——あれ？　聞いたことあるぞ？

島田紳助さんがテレビでしゃべっていた話だ。

先輩は島田紳助さんの言葉をコピペしていた。僕のレポートをコピペしようとした先輩……すべて合点がいった。

2軒目で回らないお寿司に連れて行ってもらった。

僕が味わいながら食べていると、先輩は短い休憩時間に追われる寿司屋の弟子のような〝まかない感覚〟で食べていた。大将が一貫ずつ握ってくれるのだが、先輩の食べるスピードが早過ぎるのだ。

カメレオンの捕食と見まがうほどだった。

大将もまかないのように寿司を食べる先輩を見て、

——あれ？　今日弟子っ子働いてたっけ？

と思っていたことだろう。


店を出ると21時前だった。

「帰ろか」

「もう帰るんですか？」

「家に帰って内定先の課題せなあかんねん。やからもう帰るぞ」

駅に着き自腹で切符を買った。自腹の意味がわからないので、切符を買う姿を見せ

つけてやった。すると先輩が、

「まぁ、俺ご飯奢（おご）ったってんから電車賃くらい自分で払えよ」

さらに意味がわからず、帰路に着いた。普段なら「今日はごちそうさまでした！」的なＬＩＮＥを先輩に送るが、この日だけは送らなかった。

付きまとわれ、こき使われてきたわけだ。

先輩の〝禊（みそぎ）の飲み〟だ。

後日、留学同の卒業生祝賀パーティーが行われた。卒業する先輩たちが１人ずつ前でスピーチをした。そして、僕をこき使ってきた先輩の番になった。

――何しゃべるんやろ？

「人生は時計の長針と同じようなものなんです」

――あれ？　なんか聞いたことあるぞ……。

島田紳助さんの名言をコピペしていた。

しかも、今回は大勢の前で……。

これは絶対に本人に伝えてイジってやろうと、僕は息巻いた。

休憩時間になったので、

「あの話、島田紳助さんのコピペですよね？」

恥ずかしかったのだろう。彼はすかさず、

「お前、この前飯奢ったとき、ごちそうさまのＬＩＮＥもなかったよな？　あれありえへんからな」

「普段は送ってますよ」


僕は大学４回生になり企業の説明会に参加した。

大学生２人、社員の方２人で行われる軽い面談会的なものだった。

その面談会に社員として現れたのが、まさかの先輩だった。

あれほど心理学の話をしていたのにもかかわらず、先輩は誰とも目を合わさず、ずっと下を見ながら小声で話を始めた……。

僕が朝鮮学校のグループＬＩＮＥほか、すべてを切ってしまったのには理由がある

朝鮮学校を卒業してもコミュニティーから抜け出せるわけではない。

朝鮮総連の支部で名簿はすべて管理されており、噂なんてすぐに広まる。

狭い小さい生簀（いけす）のようなコミュニティーだ。

卒業後も朝鮮学校のコミュニティーで生き続けていく人たちは群がり、外の世界には出ず常に集団で行動する。

『スイミー』の話に出てくる周りにいる魚のような者ばかりだ。

目になってくれている〝**スイミー（＝朝鮮学校＝朝鮮総連）**〟という群れの中で、誰かが夢を追い生簀から出て大海を泳ごうとすると、〝スイミーたち〟は疑似大魚の中で陰口を言いまくる。

芸人を目指し、お笑いの養成所に通った僕は、〝スイミーたち〟から陰口を言われ

まくっていた。

僕はそんな世界が嫌なので、生簀のような海から出て大海を泳いだ。

芸人を始めると同時に、朝鮮学校の同級生のグループLINEやその他諸々すべて切った。理由は、関係を切らないとまたあの頃に戻りそうだからだ。

彼らは大海を泳ぐ勇気がないことを認めず、生簀はあたたかくていい場所だと自分たちに言い聞かせる。グループLINEを動かし、同窓会や忘年会を今でもしているらしい。

いつまでも同じメンバーで集まり、これで安心な〝スイミーたち〟。

でも、僕は未来を生きている。

はてしなく広い大海を泳ぎ、いろいろなお魚さんたちに出会い、荒波にもまれながら成長していく出世魚だ。

グループLINEを退会しないと、またあの生簀の中に閉じ込められそうで怖い。

自分が「戻りガツオ」にならないよう、すべてを切ったのだ。

もう同級生の結婚式にも出席しない

朝鮮学校の高校を卒業してもう10年経つので、結婚した同級生がちらほらいる。

お笑いの養成所を卒業してすぐのことだが、高校の同級生から結婚式の招待状が届いた。その子とは学生時代に仲が良かったので、出席したい気持ちは山々だったが欠席することにした。

理由は大事なお笑いの大会が近かったのと、コロナ禍で緊急事態宣言が出たり出なかったりしていた時期だったからだ。

当時、芸人になりたての僕にとってお笑いの大会はかなり大事だ。

しかもコロナウイルスに罹患（りかん）してしまうと大会に出場できない。

本業のお笑いが一番大事なので欠席することにした。

その結婚式には、僕以外の同級生たちはほとんどが出席したそうだ。

朝鮮学校出身者のコミュニティーはとにかく狭い。誰が出席して誰が欠席したかなんてすぐに噂が広まる。

結婚式に出席しないといけない風潮があるからだ。

欠席するとコミュニティーから淘汰(とうた)され、疎外感を与えられる可能性がある。

とにかく同調圧力や集団心理がすごい。

その同級生の結婚式の数カ月前、電車に乗っていると朝鮮学校で先生をしていた同級生と偶然同じ車両になった。

「ユソン、○○の結婚式行くん？」

「行かん」

「なんで？」

「お笑いの大会近いし、今コロナなったら大会出られへんから」

「えっ？　ほんまは？　ほんまは？　ほんまは？」

——なんて言ってほしかったん？

去年、親友が結婚した。

親友の結婚式なので絶対に出席したかったが、欠席することにした。第1章冒頭で話した親友の結婚式だ。

欠席の理由はいくつかあるが、一番の理由は僕が朝鮮学校時代の思い出話をＳＮＳで発信しているからだった（これもお伝えした通り）。

親友の結婚式に出席するのは、ほぼ１００％朝鮮学校出身者。

なかにはもちろん僕のアンチもいる。

僕のこと大嫌いな、朝鮮学校大好きな朝鮮学校出身者たちだ。

僕が結婚式に出席したとすればアンチなど気にせず親友を祝うだけだが、もしかすると会場でアンチが僕に何か言ってくるかもしれない。

それで場の空気が悪くなる可能性を危惧（きぐ）した。

親友の結婚式を台なしにはしたくなかった。

また最近、朝鮮学校時代の同級生が結婚した。

彼がこう言う。

「ユソン呼びたいけど呼べへんよな」

僕は朝鮮学校出身者の結婚式に出禁扱いを受けている。

そう言えば、ここのところ同級生たちが結婚していっているが、**僕は朝鮮学校出身者のコミュニティーと〝離婚〟した。**

まぁ、そもそも結婚もしていないが……。

おわりに　今日も戦う、在日コリアン芸人

最後までお付き合いいただき、ありがとうございました。

冒頭に述べた、友だちが家に遊びに来ていない日の抜き打ちの朝ご飯を、少しだけお見せできたのではないかと思う。

朝鮮学校時代の思い出話を発信させていただいてから、僕のことを応援してくださる方がすごく増えた。

本当にありがとうございます。

それと同時にアンチも増えたのだが。

とくに朝鮮学校をこよなく愛する出身者や朝鮮学校に現在通っている生徒の中に、僕のアンチが多いのは言うまでもない。

朝鮮学校での実体験を話すと〝暴露〟と言われ、「朝鮮学校の先生のほとんどが日本の教員免許を有していない」と話すと〝悪口〟と言われ、「朝鮮学校の朝鮮語は朝

鮮語でもなければ韓国語でもない」と言うと〝バカにするな〟と言われる。

それでも僕は、これからもアンチに屈服せず、朝鮮学校について言及していく。

アンチは僕に対して、「朝鮮学校を悪く言って金儲けをするな!」と言ってくる。

そういったDMが何度も届いた。

おそらく、この書籍が出版されると、またそういった声が飛び交うことだろう。

僕は悪口を言っているわけでもなく、お金儲けのために話をしているわけでもない。

冒頭で書いた通り、自分にしかできないネタ、リアルな朝鮮学校を日本の方々に知っていただきたいというのが理由だ。

そして一番の理由は、朝鮮学校の教育内容や運営実態が改善されてほしいからだ。

朝鮮学校の先生は、ほぼ全員が日本の教員免許を有していない。ごく一部だが、日本の教員免許を有している先生もいるにはいる。

朝鮮学校は高校無償化が適用されておらず、補助金も年々打ち切りになっているので学費が高い。

無免許にもかかわらず高額請求されていた。

もう〝**実写版ブラックジャック**〟だ。

この事実を知ったときは驚きすぎて、ピノコのように「アッチョンブリケ」と言ってしまったというネタがある。

僕のアンチはもちろん、「悪く言うな！」と言ってくる。


でも、僕の笑いにはメッセージ性があるのだ。

このネタは、ただの悪口ではない。教員免許は子どもたちに教育を行ううえでとても大事な免許であり証明だ。補助金を交付している自治体も「教員免許を教員の3分の2以上が有すること」を条件の1つとしてよく言っているくらいなのだ。

でも、朝鮮学校の先生はいっこうに教員免許を取得しようとしない。教員免許は別に減るものではないのに。

僕は心から教員免許を朝鮮学校の全先生が有し、より質の高い教育が行われてほしいと切に願っている。

そのままお伝えするのもいいが、僕は芸人なのでネタにして伝えさせていただいているのだ。

そもそも朝鮮学校の朝鮮語は、北朝鮮の朝鮮語でもなければ韓国の韓国語でもない。先生たちも僕と同じ日本生まれ日本育ちの在日コリアンで、朝鮮学校に通い先生になっているので誰もネイティブではない。

ほぼルー大柴さんの〝ルー語〟なのだ。

ビビンバのみならず言語まで混ぜまくる教員でいいのだろうか。

在日朝鮮語とよく言われるが、在日朝鮮語で先輩と話をするというモノマネをSNSで投稿すると、アンチから「バカにするな！」と言われる。

でも、バカになどしていない。

このモノマネによって、朝鮮学校出身者や先生たちが自分たちの朝鮮語の水準を客観的に見ることができると思っているからだ。

民族教育と名乗るのであれば、ネイティブレベルの言語習得は必須だ。

現に僕は12年も朝鮮学校に通ったが、北朝鮮や韓国のネイティブの人たちと話した際、言語の壁を感じた。朝鮮学校での朝鮮語教育を今一度見直し、ネイティブレベルの言語教育が行われてほしいと切に願う。

そして最後に。

高校無償化や補助金のためによく朝鮮学校は「子どもたちの学ぶ権利」と方々で言っている。

お金欲しさに子どもたちをだしに使う。

朝鮮学校や朝鮮総連のことは顧みず……。

お金をもらうことで子どもたちの学ぶ権利が保障されるとは思わない。

子どもの真の学ぶ権利の保障は、朝鮮学校の教育内容や運営実態の見直しからだと考える。

教員免許を有した先生方によってネイティブレベルの朝鮮語教育が行われ、北朝鮮や金一族を賛美する教育から脱却すること、クラスの委員は世襲制ではなく正当な評価によるものとすること、運営実態の見直しをすることで、〃子どもの真の学ぶ権利〃が保障されるのだ。

朝鮮学校の子どもたちには罪がない。これは本当だ。

だから、子どもの学ぶ権利が保障されるまで、僕はこれからも民族衣装のチョゴリを着て、マイク1本握り締め、朝鮮学校ネタをしていく所存だ。

よくファンの方から、「消されないですか?」と心配の声をいただく。

僕は絶対に消されないし、誰も僕を消すことはできない。

そして、この書籍に書いてある内容も消えることはない。

なぜなら、消すことができない油性ペンの「油性」を朝鮮語に訳すと、「ユソン」だからだ。

謝辞

最後までお付き合いいただき誠にありがとうございます。

本を出版することは芸人になる前からの夢でした。夢を叶えることができて、とてもうれしく思います。

今回、本を出版することができたのも朝鮮学校に通わせてくれた父と母のおかげです。

高い学費を捻出(ねんしゅつ)するため、毎日朝早くから夜遅くまで工場で仕事をしてくれた背中が懐かしいです。

大学時代に父が亡くなってからは母と姉に多方面で支えられ、無事に卒業することができました。いつも本当にありがとうございます。亡くなった父も天国で読んでくれると信じています。

そして、僕に朝鮮学校ネタを勧めてくれた先輩芸人さん。一歩を踏み出す勇気がなかった僕の背中を押していただき本当にありがとうございます。

そして、毎月大阪で独演会を開催させてくださる楽屋A、舞台袖（そで）のスタッフさんたち。SNSで話せない内容のみを配信チケットなしで話をさせていただき、本当にありがとうございます。

そして、ファンの皆様。いつもご視聴、応援、本当にありがとうございます。皆様からのあたたかいメッセージやお言葉のおかげで、良いネタができなくて落ち込んでいるときも頑張ろうという気持ちになれます。

いつも皆様から与えてもらってばかりなので、常日頃恩返しをしたいと考えています。

僕にできる恩返しは何だろうと考えたのですが、やはり芸人なので笑いを提供し続けることだと思います。

これからも皆様が日常生活で抱えるストレスや嫌なことを、すべて僕の笑いで埋められるよう日々まい進してまいります。

これからもよろしくお願いいたします。

＜著者略歴＞

パクユソン

1997年生まれ。兵庫県神戸市出身。小中高12年間を朝鮮学校に通い、関西学院大学法学部法律学科に進学。その後、吉本興業のお笑い養成所に入学（NSC大阪43期）。2021年からピン芸人として活動。2023年から自身のYouTubeチャンネル「パクユソンちゃんねる」で朝鮮学校時代の思い出話を始める。現在はYouTubeチャンネル登録者数14万人、TikTokフォロワー数5.7万人。SNSを主な活動の場にしており、毎月大阪の楽屋Aや舞台袖で独演会を開催している。本書が初の著書となる。

【YouTube】https://www.youtube.com/@paku_yuson
【TikTok】https://www.tiktok.com/@paku_yuson
【X】https://x.com/yusongforyou
【Instagram】https://www.instagram.com/paku_yuson
【note】https://note.com/yusongforyou

イラスト／坂木浩子（ぽるか）

面白くてヤバすぎる！　朝鮮学校

2024年12月1日　第1刷発行

著　者　パクユソン
発行者　唐津 隆
発行所　株式会社ビジネス社
〒162-0805　東京都新宿区矢来町114番地 神楽坂高橋ビル5F
電話　03(5227)1602　FAX　03(5227)1603
https://www.business-sha.co.jp

〈ブックデザイン〉常松靖史（チューン）
〈本文組版〉メディアネット
〈印刷・製本〉中央精版印刷株式会社
〈営業担当〉山口健志
〈編集担当〉稲川智士

ISBN978-4-8284-2679-2

ビジネス社の本

日韓同時核武装の衝撃

鄭成長……著
姜英之……訳

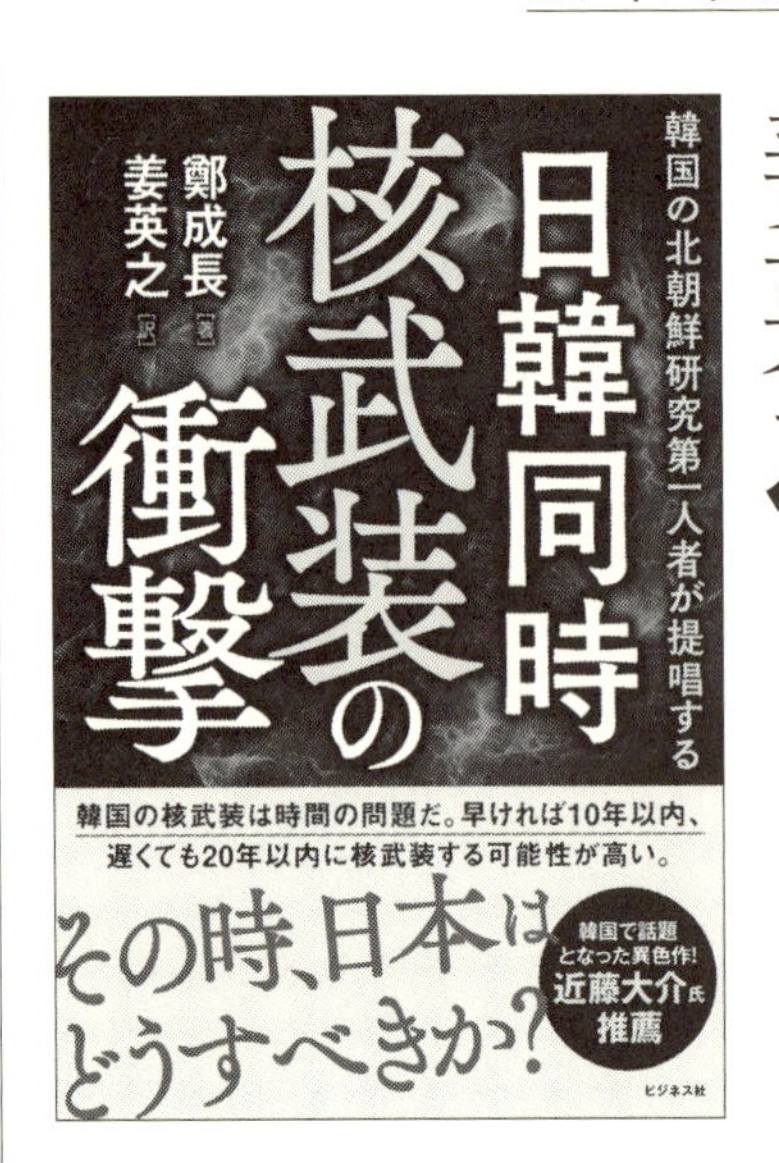

定価1980円(税込)
ISBN978-4-8284-2645-7

その時、日本はどうすべきか?

韓国の核武装は時間の問題だ。
早ければ10年以内、遅くても20年以内に
核武装する可能性が高い。
韓国で話題となった異色作! 近藤大介氏推薦

本書の内容